BIBLIOTHÈQUE D'ARCHÉOLOGIE AFRICAINE
PUBLIÉE SOUS LES AUSPICES
DU MINISTÈRE DE L'INSTRUCTION PUBLIQUE ET DES BEAUX-ARTS

VIII

DICTIONNAIRE DES BIJOUX
DE
L'AFRIQUE DU NORD

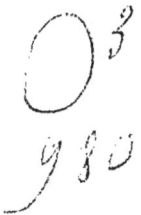

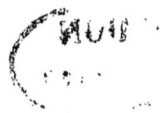

DU MÊME AUTEUR

L'Orfèvrerie algérienne et tunisienne, 1 volume grand in-8°.

D'Alger à Bou Saada, 1 volume in-18.

Un Hivernage algérien (en préparation).

BIBLIOTHÈQUE D'ARCHÉOLOGIE AFRICAINE
PUBLIÉE SOUS LES AUSPICES
DU MINISTÈRE DE L'INSTRUCTION PUBLIQUE ET DES BEAUX-ARTS

DICTIONNAIRE
DES BIJOUX
DE
L'AFRIQUE DU NORD
MAROC, ALGÉRIE, TUNISIE, TRIPOLITAINE

PAR

PAUL EUDEL

PARIS
ERNEST LEROUX, ÉDITEUR
28, RUE BONAPARTE, VIe

1906

DICTIONNAIRE
DES BIJOUX

DE

L'AFRIQUE DU NORD

MAROC, ALGÉRIE, TUNISIE, TRIPOLITAINE

PAR

PAUL EUDEL

PARIS

ERNEST LEROUX, ÉDITEUR

28, RUE BONAPARTE, VIe

1906

AVERTISSEMENT

Les noms donnés aux bijoux dans l'Afrique du Nord sont en général empruntés à la langue arabe. Parfois ces mots ont été défigurés dans l'usage et les altérations les plus profondes qu'ils ont subies sont dues aux Juifs qui, comme on le sait, se livrent en grand nombre à la fabrication et au commerce des bijoux. D'ordinaire le nom du bijou est tiré d'une particularité de sa forme extérieure qui a frappé l'esprit des indigènes alors que d'autres caractères plus sensibles à nos yeux leur ont complètement échappé. C'est ainsi, par exemple, qu'ils donnent le nom de *fekroun* « tortue » à un objet dont la silhouette n'éveille nullement chez nous la même idée.

La langue berbère a fourni aussi quelques noms de bijoux; cependant le plus souvent elle a pris les noms arabes en les déformant suivant les procédés phonétiques qui lui sont propres. La domination turque a, de son côté, introduit certains vocables turcs et les langues espagnoles et italiennes ont elles-mêmes fourni un léger contingent aux vocabulaires des orfèvres bien que le mot existât dans la langue arabe. C'est ainsi qu'on emploie le mot *qatina* transcription de *catina*, alors que le synonyme *Selsela* transformé en *Sensela* est resté d'usage courant pour dire une « chaîne ».

L'orthographe arabe, donnée à la suite du nom de chaque bijou, a été figurée aussi correctement que possible quand la prononciation du mot n'avait été altérée dans l'usage que par une déformation purement locale. Il a paru inutile de transcrire littéralement en caractères arabes le mot *hazla* qui répond à la forme correcte *hadjla* parce que cette substitution de *z* en *dj* est surtout spéciale aux habitants d'une partie de la Tunisie. Il a semblé, au contraire, qu'il y avait lieu d'admettre les deux orthographes *debledj* et *demledj* parce qu'elles ne sont pas localisées d'une façon aussi précise. Bien que ces mots aient une signification identique, ils sont reproduits sous leurs différentes formes dans des articles distincts.

Du reste, certains bijoux, destinés au même usage, portent souvent plusieurs noms. Ils s'appellent tantôt, par exemple, pour les bracelets : *meqias, meqiasa, meciassa, dah, souar, hadida* ; tantôt, pour les boucles d'oreilles : *khorsa, menqoucha, mekfoul, rihana ounisa* ; tantôt, pour la chaîne : *qatina, cherka, derga, qelada, chertela*. Les vocables sont variés, aussi, pour le collier et les pendants, suivant les localités et les pays.

Peut être aurait-il mieux valu ne mettre dans ce dictionnaire que des parures bien arabes et non ces transformations, ces créations pseudo-arabes de nature à porter le trouble dans l'esprit des érudits qui dirigent leurs études vers des objets purement indigènes. Mais les orfèvres ont commencé, depuis quelques années, à fabriquer des bijoux pour les Européens et ont fini par les faire adopter, dans certaines contrées, par les femmes arabes elles-mêmes, éprises, comme partout, de ce renouveau qui s'appelle la mode. Ainsi certains d'entre eux sont des modèles portugais ou espagnols, d'autres ont leurs dessins inspirés par les travaux des bijoutiers de Gênes ou de Malte.

Après un examen approfondi de la question ces bijoux n'ont point été écartés systématiquement, à cause de la consécration qu'ils ont reçue par un nom arabe, et il en figure quelques-uns dans ce recueil.

DICTIONNAIRE
DES
BIJOUX DE L'AFRIQUE DU NORD

A

Abzim pl. Ibzimen.

ابزمن .pl ابزيم

C'est le nom Kabyle de la bezima d'Alger, mais sa dimension est plus grande. A sa plaque triangulaire

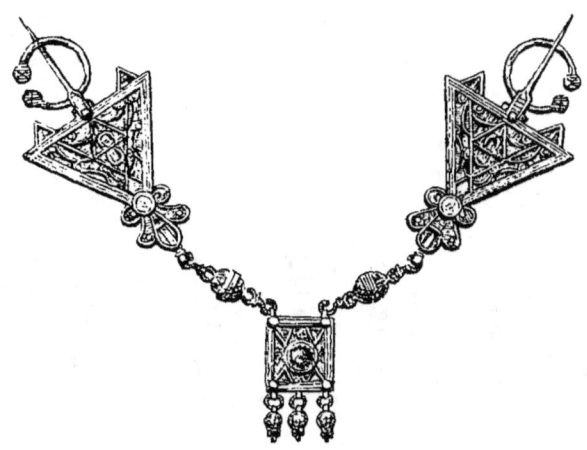

Ibzimen (Kabylie).

s'adaptent une tige et une boucle en demi-cercle. Pour fixer l'étoffe, on retourne le bijou; de cette façon l'abzim s'enfonce dans le haïk, la pointe en haut. Une sorte de palme couronne le sommet du triangle équilatéral. Des émaux cloisonnés jaunes, vert clair et bleu foncé couvrent la surface. Les ibzimen sont fondus. Jadis ils étaient ornés de morceaux de corail, hémisphériques ou en forme de cœur. Le plus souvent, maintenant, on emploie du celluloïd rouge par économie. Les principaux motifs de décoration sont des demi-cercles, des cœurs, des S, des lignes concentriques, des triangles et des chevrons. Fermes de lignes, ces bijoux sont généralement d'une exécution très soignée et souvent émaillés des deux côtés. Les ibzimen se relient entre eux par une chaîne (sensela) au milieu de laquelle se trouvent des *tichrourin* et une boîte de forme rectangulaire et fermée. La fixation des ibzimen au corsage demande aux femmes une certaine recherche pour flatter l'œil et retenir avec grâce les plis de la draperie sur la poitrine ou sur l'épaule. Sur les robes rouges leur note brillante produit le plus bel effet. Cette double broche fait ressembler la Kabyle à la femme grecque.

Açaba, pl. Açaceb et Açabât.

عصابة .pl et عصاصب et عصبات

Açaba (Fabrication algérienne vers 1830).

Diadème, ressemblant aux ferronnières de la cour de François Ier; il porte également le nom de *Arsa* à

Boghari et à Laghouat et celui de *Djebine* à Constantine. L'açaba est le plus souvent en argent et les vieux orfèvres assurent qu'on n'en a jamais fait en or avant la conquête. Il se compose de 7 plaques (*Qetaa*), ayant la forme d'un écusson renversé, étroitement reliées entre elles par des charnières (*rezza*). Les deux extrémités sont terminées par une plaque en triangle. Au-dessus de chaque compartiment sont des croissants et, au bas, des pendeloques (*zerrouf*). La charnière réunissant deux plaques est fermée par une goupille en métal surmontée d'une perle fine mais baroque. Les plaques en argent ou en or sont recouvertes de roses taillées à 6 faces. Quant au zerrouf, il porte aussi des roses.

Lorsque l'açaba est en argent, les plaques sont généralement encadrées de bordures en or à bas titre. La valeur de l'açaba oscille entre 400 et 1500 francs. L'açaba se monte sur un galon d'argent et se met sur le front, quelquefois il s'accompagne d'un collier ou d'une autre pièce importante. Un ruban de soie à chacune des extrémités permet de nouer l'açaba derrière la tête. C'est un des plus anciens bijoux connus en Algérie. Venture de Paradis en parle sous le nom de « açabé ». Le nom de cette parure écrit souvent assaba signifie « bandeau de front » et aussi « turban ». A Tlemcen, on distingue deux sortes d'açaba : les uns sont faits avec des sultanis ; les autres, comme ceux d'Alger, sont formés par des plaques à charnière avec un motif à chaque extrémité. En Tunisie, ce diadème est toujours à plusieurs rangées.

Acabech.

اكابش

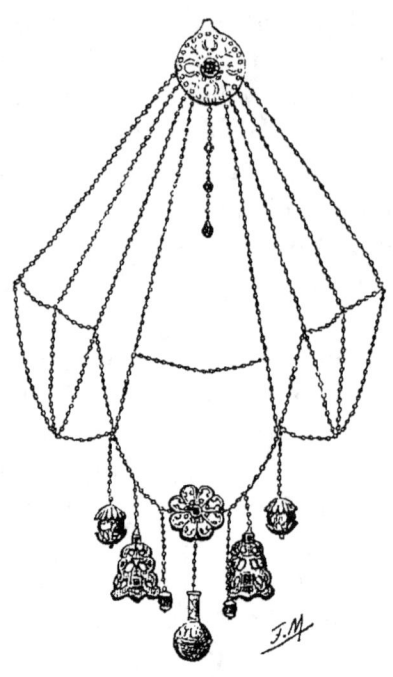

Acabech.

Ce bijou se faisait en Kabylie dans la montagne des Beni-Yenni, mais il n'était porté que sur le littoral. Cet ornement de tête en argent se compose de chaînettes recouvrant les cheveux. Une plaque ronde, terminée par un crochet, fixe le bijou derrière la tête, que les chaînettes enserrent comme une résille. Enfin, retombent sur le front, au bout d'autres chaînettes, de petites plaques émaillées, des ornements sphériques et des capuchons recouvrant des boules de corail dans le style des olives allongées des *tikfas*.

Adouar, pl. Idouiren.

ادوار .pl ادويرن

Quelquefois les tabzimt kabyles sont formés par trois épingles, ornées de pendeloques dans le genre des khelala. On les appelle *Adouar* et on les place sur le front à l'aide d'un ruban.

Agâl.

عقال

Bıjou de Djerba, très décoratif et fort important, s'accrochant dans la chevelure et pendant en grappe sur

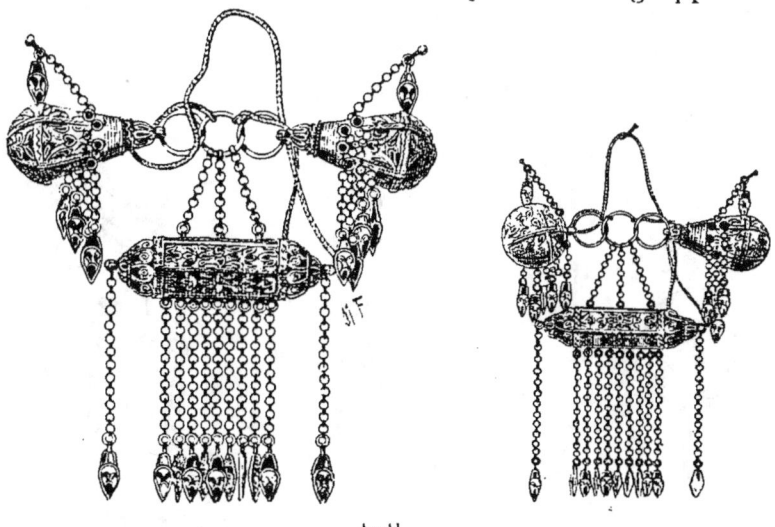

Agâl.

le cou. Il comprend le plus souvent une agrafe, de longues chaînettes où viennent s'accrocher une sphère,

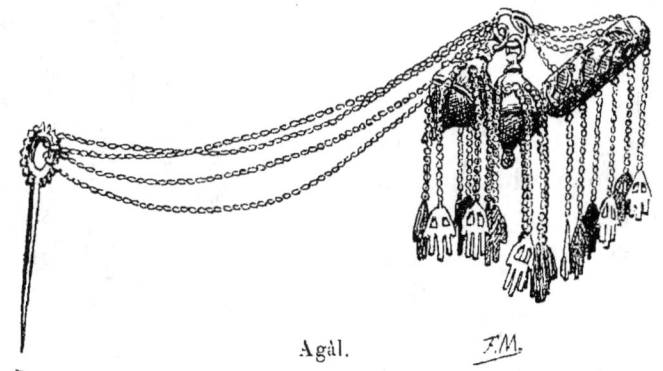

Agâl.   F.M.

defira, une poire appelée *n'zaza* (lendjassa) et enfin l'*âgâl* (entrave) qui donne son nom au bijou et qui n'est autre que le berzouàn, un tube avec pendeloque.

Akarech.

عكروش pl. de عكارش

Bijou d'oreille en or qui paraît venir des maures de Grenade. Cette parure est portée par les femmes de la campagne des environs de Fez. L'anneau d'or uni et creux est soudé à un ornement de forme assez compliquée, incrusté de pierres précieuses. La partie principale se compose d'un disque qui a deux circonférences concentriques, décorées d'émeraudes l'une et l'autre et portant au milieu une plus grosse émeraude. La partie inférieure du bijou comprend une olive en or, soudée au disque par un triangle, et un rectangle allongé dont les extrémités sont formées par des boucles ornées d'émeraudes. Dans les beaux spécimens le disque est souvent remplacé par une cassolette rembourrée de pâte odoriférante. Ce parallélogramme est encadré de rubis et

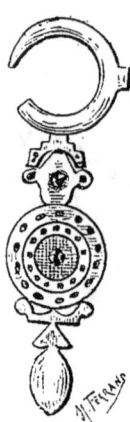

Akarech.

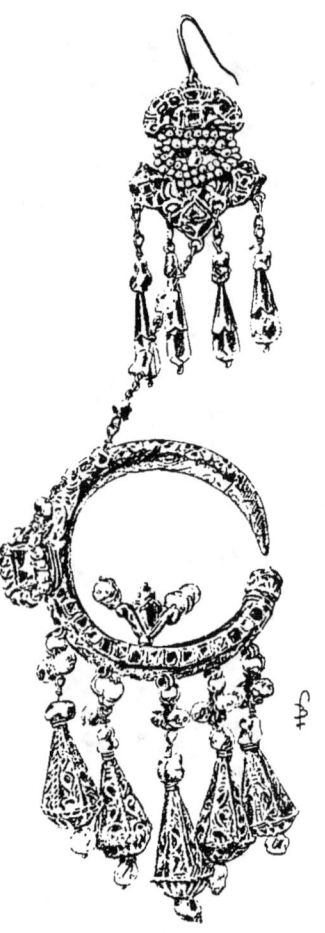

Akarech de Fez.

d'émeraudes taillés en table, incrustés dans des cloisons avec une grosse émeraude au centre. A la partie inférieure, des pendants de perles baroques ou des glands d'or ajourés. Le mot akarech signifie « chiendent »; c'est le pluriel de « Akrouch ».

Akhalkhâl, pl. Ikhalkhâlen.

اخلخالن pl. اخلخال

Ce bijou kabyle ne ressemble ni au Khelkhâl du Sud, ni au Redif. C'est une lame plate d'argent très large comme une manchette de chemise d'homme gravée d'ornements simples et ornée de corail. Certains sont travaillés au repoussé (volutes et fleurs) avec des cabochons de corail. L'akhalkhal est tantôt ouvert, tantôt fermé avec charnière. Il est en argent pour les femmes aisées, en melchior pour les pauvres. Cette 'jambière s'évide au milieu pour mieux se prêter aux mouvements du cou-de-pied. A Akbou on a fabriqué un grand akhalkhâl de 12 centimètres de hauteur, en argent plané, très mince avec fort peu de gra-

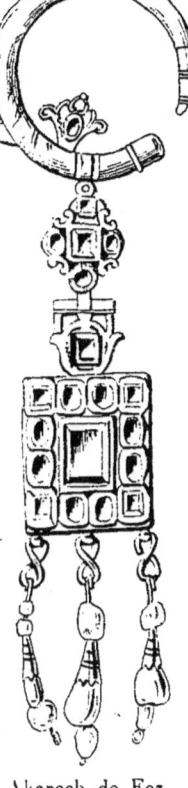

Akarech de Fez.

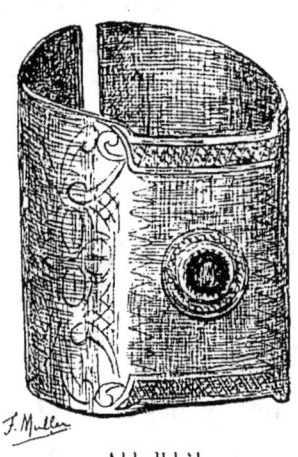

Akhalkhâl.

vure et seulement quelques boutons de corail, sertis en cabochons. La plaque retournée sur ses extrémités, de façon à former une bordure, se ferme à l'aide d'un crochet.

Alâg ou Alâga (voy. Alâqa).

Alâqa, pl. Alâleq.

علاقة pl. علالق

Boucle d'oreille dont le modèle ci-contre existe principalement dans le douar Oulad-el-Kadi, des environs de Batna. La partie principale affecte la forme d'une demi-circonférence. C'est un gros fil d'argent travaillé au marteau, et orné, en partie. Les deux extrémités aplaties et percées de trous sont reliées par un fil mince d'argent où sont enfilés des morceaux de corail et entre lesquels pendent de doubles jaserons, terminés par du corail d'abord et ensuite par des mains ou des breloques. A la partie supérieure est soudée une attache plate qui permet de réunir ce bijou à la parure frontale. Tout pendant d'oreille, formé d'un simple arc de cercle réuni au milieu et orné de pendeloques, se nomme alâqa à Alger.

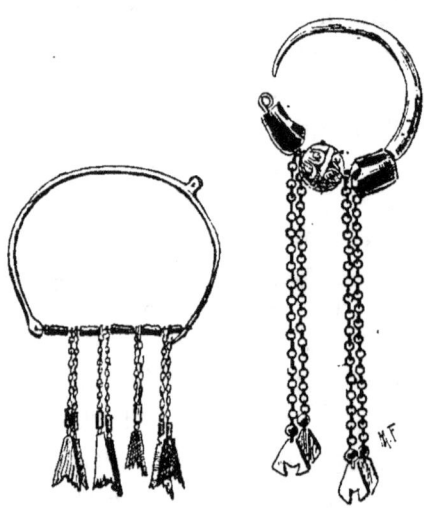

Alâqa.

On a retrouvé des bijoux phéniciens ayant exactement la même forme. A Bou-Saada, les enfants des orfèvres juifs ont, au lobe de l'oreille gauche, un anneau qui porte également ce nom. Le mot alâqa au sens étymologique évoque l'idée de suspendre, d'accrocher.

Alâqa bech-chebak.

علافة بالشباك

Pendant d'oreille ajouré ; se suspend sur la tempe ou s'accroche aux oreilles et se porte surtout en Tunisie. Au lieu de la prononciation alàqa on trouve encore

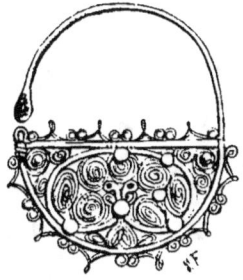 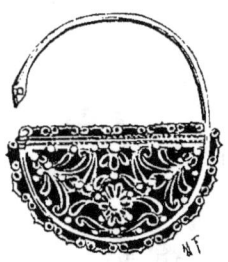

Alàq de Bou-Saada.

celle de alàq pour une boucle d'oreille unique portée comme préservatif par les jeunes gens à Bou-Saada. Elle se compose d'un demi-cercle et d'un demi-disque plein.

Alâqa Tchoutchana.

علافة شوشانة

Pendant d'oreille porté dans l'Aurès, composé d'un gros fil d'argent aplati et percé à une extrémité,

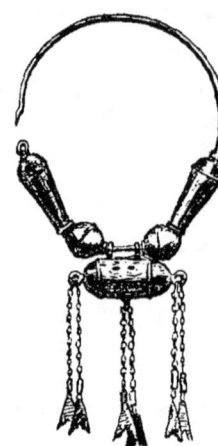

aminci et retourné sur lui-même à l'autre extrémité pour former anneau. Des ornements y sont enfilés. Ils sont sphériques (*hassek*) ou en forme de cône allongé (*kessob*). Le *berzouân* du bas porte en garniture des jaserons terminés par du corail et des mains. Le tout est formé de lames d'argent martelées et soudées entre elles. Le nom de ce bijou semble bien signifier « pendant de négrillonne » car il est surtout porté par des négresses. Il se rencontre aussi à Djerba, où il ressemble beaucoup à l'agal.

Alàqa tchoutchana.

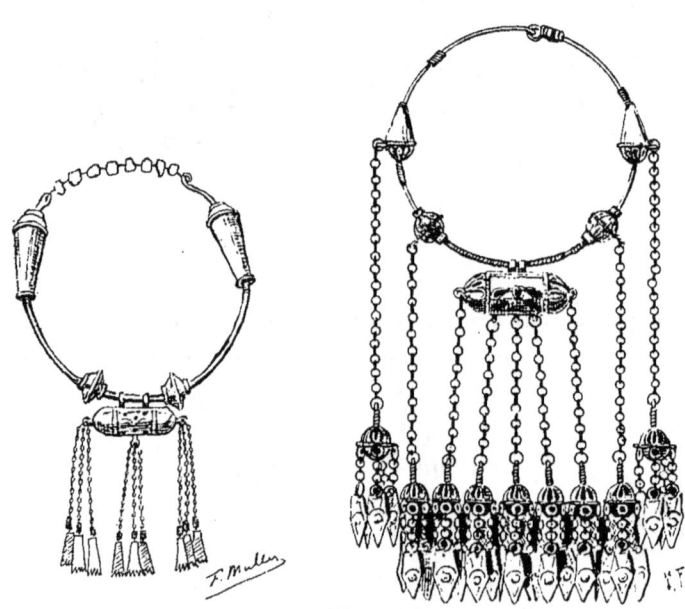

Alàqa tchoutchana.

Alqa.

حلقة

Boucle en forme d'arc mauresque composée de deux pièces : une plaque de recouvrement cintré en haut,

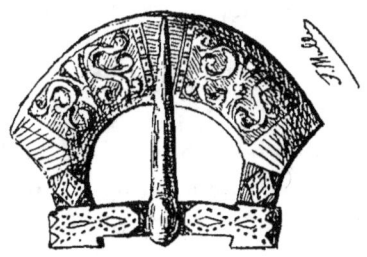

Alqa.

droite à sa base et un ardillon, goupillé sans chappe. Deux alqa servent aux courroies du poitrail.

Amechhoud, pl. Imechhad.

امشهاد pl. امشهود

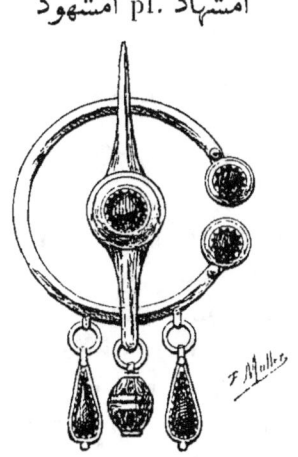

Agrafe kabyle pour fixer le *timelhaft,* la *melhafa* des Arabes. Elle se compose d'un cercle en argent, tordu au feu, ayant aux extrémités deux morceaux de corail sertis dans des demi-boules. Ce bijou est traversé par une épingle avec cabochon de corail. Il porte en pendeloques, un *tichrourin* et deux *tikfas* émaillés.

Ameqiâs, pl. Amïqaes.

امڧايس pl. امڧياس

Nom kabyle du bracelet à jour qui ne se fait que depuis la conquête. L'ornementation est obtenue avec des fils d'argent tirés à la filière. Ce bijou très fragile et peu

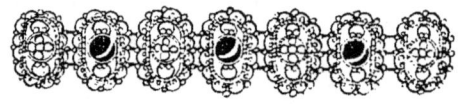

dans le goût arabe était autrefois inconnu des Kabyles. Il se fabrique pour la vente aux étrangers.

Anâdj, pl. Anaïdj.

عناج pl. عنايج

DIADÈME en argent porté dans l'Aurès et dans la région de Batna. Il se compose, à la partie supérieure, d'un rond ajouré, entièrement moulé, servant à soutenir l'objet à la coiffure. Les bords inférieurs sont percés de trous à l'aide desquels sont suspendus des jascrons garnis. Au centre du disque est souvent soudé un chaton serti de corail, de verre coloré ou le plus souvent de cire rouge ou de celluloïd imitant le corail. Aux contours latéraux de la plaque centrale, sont rattachées des chaînettes au nombre de cinq, réunies à deux pièces carrées moulées

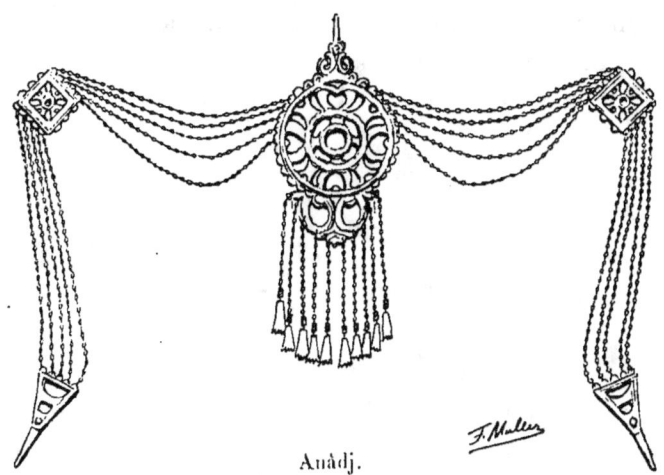

Anâdj.

et à jour auxquelles sont encore rattachés d'autres jaserons terminés par un crochet dont l'extrémité martelée, retournée sur elle-même, fixe derrière la tête cette dernière partie de la parure (Voy. *Nouâch*).

Anâdj, pl. Anaïdj.

عناج pl. عنايج

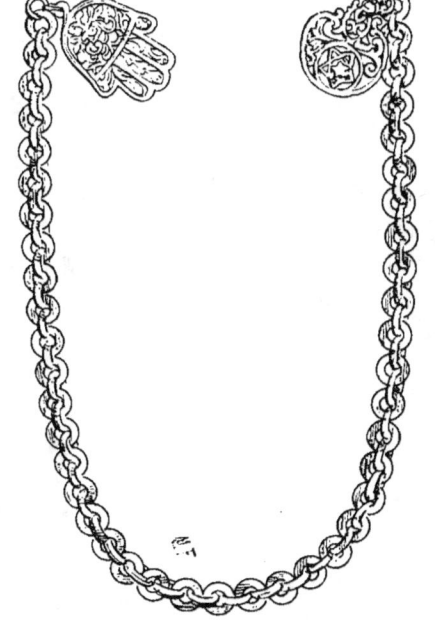

A Tunis, c'est le nom d'une chaîne formée de maillons aplatis au marteau et dont les disques s'enchaînent les uns dans les autres. A l'une des extrémités se trouve une main, à l'autre une plaque avec quelquefois le sceau de Salomon. Cette chaîne destinée aux enfants s'attache à la calotte et à l'épaule. Le mot signifie une corde ou une lanière qui passe sous le seau en cuir avec lequel les bédouins puisent l'eau des puits.

Anbra, pl. Anbrât.

عنبرة pl. عنبرات

Cassolette en filigrane servant à mettre les parfums d'ambre et le musc. Elle se porte à l'extrémité d'une chaîne en or appelée *selsela*. A Tlemcen le nom de *Anbra* est donné à une chaîne formant collier tombant jusqu'à la ceinture.

Anbra Meska ou Meskia.

عنبرة مسكية

Ce bijou de Tlemcen consiste en une chaîne de cou avec deux bzaïm pour la fixer. Au milieu de la chaîne se trouve un médaillon où l'on met des parfums. La « meska » remplace alors la « lendjasa » (Voir qeria).

Anbria.

عنبرية

Bijou de Tripoli, porté par paire sur le sommet du front, et le recouvrant en partie. Il se fixe au moyen d'un crochet de la forme d'un hameçon. Cette parure, très décorative, se compose de plaques ovales enrichies de diamants, d'émeraudes et ornées de pendentifs de perles.

Aqqouch, pl. Aqâqech.

عفافش pl. عفوش

A Alger, c'est un collier de petits grains de verroterie. Son nom qui, vulgairement, est celui de la verroterie elle-même, vient peut-être des spirales intérieures des perles qui ressemblent aux vrilles de la vigne.

Aqqâcha, coll. Aqqâch.

عفاشة coll. عفاش

Verroteries pour l'ornementation des bijoux.

Aqqâfa.

عفافة

Crochet servant à fixer un bijou.

Aqqâfa mengoucha.

عفافة منفوشة

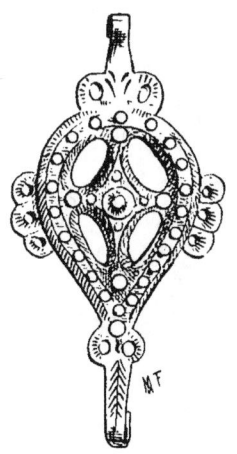

Aqqâfa mengoucha.

Crochet ajouré pour soutenir une parure.

Atsrak (voyez Lethrâk).

Ayyâcha.

عياشة

A Fez, on désigne ainsi un bijou formé de pièces d'or, fixées, les unes à côté des autres, sur un ruban terminé des deux côtés par des franges en fil d'or auxquelles sont attachés des diamants et des pierres précieuses. Se porte sur la tête. Ce vocable sert également pour une petite raie en couleur que les femmes font sur un des pans du burnous. D'après la légende, ce signe doit prolonger la vie du porteur de ce vêtement. Dans la campagne marocaine c'est le nom d'un bijou de front en or, composé de deux rangées superposées de grandes et petites broches bordées en or mat. Ayyâcha signifie « celle qui fait vivre ».

Ayyâr.

عيّار

Essayeur de l'amîne Es-Sekka.

B

Babour.

بابور

DANS le département d'Oran, on se sert de récipients en cuivre aujourd'hui, en argent très souvent autrefois, pour faire chauffer l'eau destinée à faire le thé. Ce vase, qui a la forme d'une grande bouteille au col large, est muni d'un robinet à sa base et se pose sur un réchaud. C'est un peu le samovar russe.

Barzouank.

برزوانك

BIJOU tunisien en or avec diamants, porté à l'avant-bras par les beys et princes. Il renferme une petite boîte dans laquelle, d'après la légende, ces princes introduisent un papier sur lequel est noté l'endroit où ils ont enfouis leurs trésors.

Bassit, pl. Bessout.

بسوط pl. بسيط

COLLIER d'Alger, composé de pièces européennes, en argent, percées sur le bord et enfilées au nombre de 30 à 40. Le nom de ce bijou paraît être l'altération du mot espagnol *peseta,* qui était appliqué à certaines monnaies d'argent au temps de l'occupation turque.

Bât.

باط

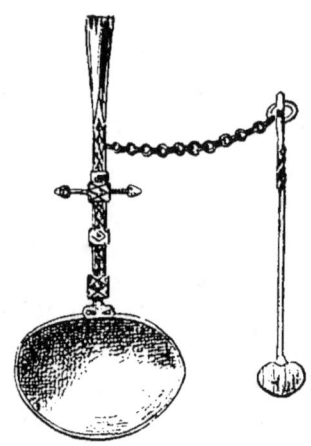

Bât signifie « creuset ». Ce nom a été donné à une cuiller à fondre la soudure, accompagnée de son mélangeur, parce qu'elle fait l'office de creuset.

Belasqa.

بلاصقة

Nom de la cartouchière en Algérie. — Celle que représente la gravure ci-contre est certainement, d'après ses ornements, de style turc, à cause des fleurs parsemées sur toutes les pièces qui la composent.

Bellouta senboulat, pl. Belâlet.

بلالط .pl بلوطة سنبولات

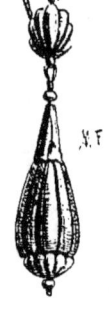

Pendant d'oreille de Tunis avec dormeuse en or et pendeloque d'ambre en forme de larme. Le pluriel *belâlet* est plus employé que le singulier.

Le mot *seboulât* (pour *senboulât*) signifie « *épis* » et, par suite, aigrette de diamants. « Belâlet » est le pluriel de « bellouta », qui signifie à la fois « gland de chêne » et « bouton de fleur ».

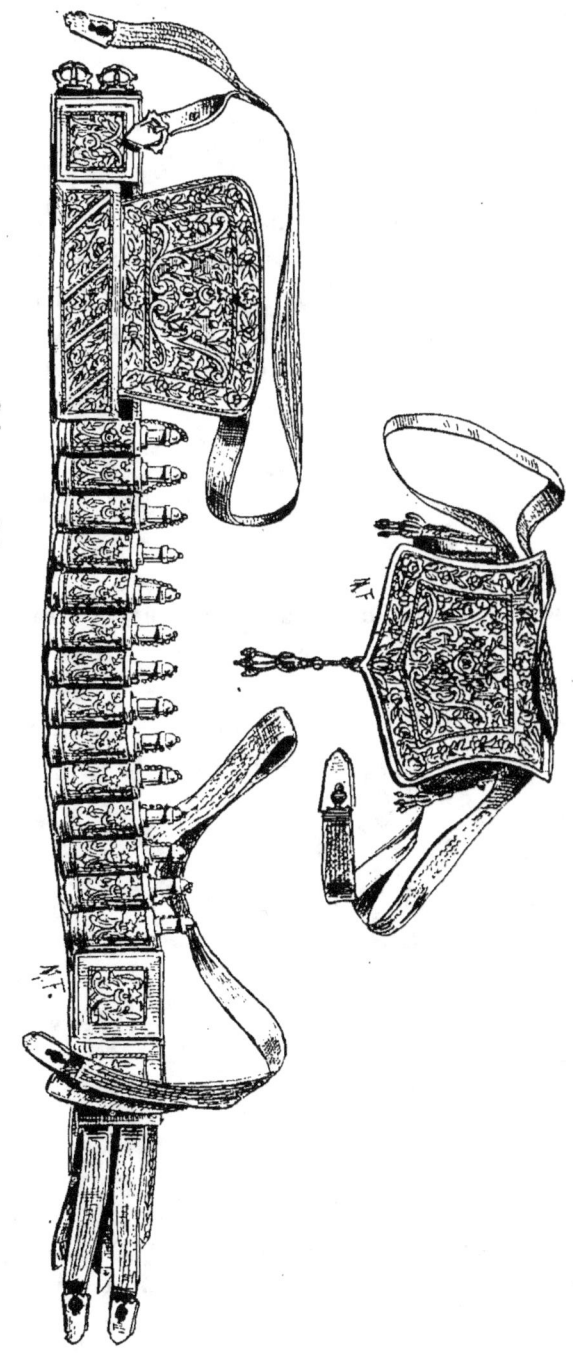

Belasqa. — Ceinture cartouchière avec la djebira (Tunis).

Beniqa.

بنيقة

Ce nom est donné par les mauresques d'Alger à une espèce de bonnet avec rubans, en calicot ou en finette brodée de soie et quelquefois de fils d'or. Ce casque sert, après le bain, à sécher et à retenir les cheveux sur la tête.

Benk djebbâd.

بنك جباذ

Banc à tirer et à cric des orfèvres arabes. Sa traduction littérale serait « banc tireur ».

Berma, pl. Bermât.

برمة .pl برمات

Pendant d'oreille de Tlemcen, formé d'un gros fil d'argent qui s'amincit sur le milieu et se termine par une pointe effilée.

Besita.

بسيطة

Réunion de plusieurs colliers cousus les uns au-dessous des autres sur un morceau de peau ou d'étoffe. Ils s'attachent au cou et s'étendent sur la poitrine. Portés ordinairement par les jeunes mariées et les femmes invitées aux noces dans la ville de Fez, il signifie « chose étalée, étendue ».

Berzouân, pl. Bezraouen.

بزراون pl. بزروان

Pièce de dimensions variées, pour garniture de colliers ou pendants d'oreilles. Elle consiste en un corps cylindrique monté et filigrané. Aux extrémités sont soudées des parties hémisphériques semblables à celles des *hassek* et terminées par un anneau soudé. D'autres anneaux soudés permettent d'attacher cette pièce, alors très petite, aux boucles d'oreilles ou d'y suspendre des ornements, comme dans le collier alâqa tchoutchana porté dans l'Aurès. A Tripoli, le berzouân est un collier comportant le berzouân proprement dit, servant d'étui à talismans et de forme cylindrique. Il se porte en sautoir sur la poitrine. C'est la *qelâda* d'Alger, mais très simplifiée ; une série d'étuis et de plaques est, dans ce cas, enfilée dans un cordon qui se noue derrière la nuque.

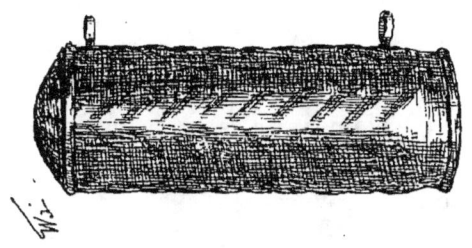
Berzouân (Tube pour amulette).
(*grandeur nature*.)

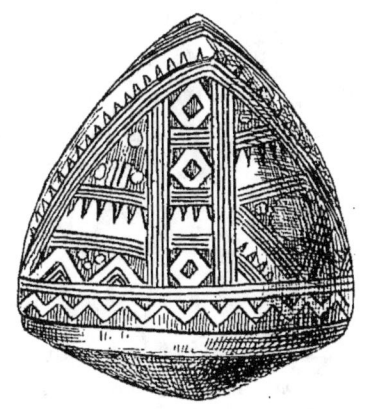

Boîte en deux parties servant d'écrin aux femmes de Touggourt, et s'emboîtant l'une, hémisphérique, dans l'autre qui est conique. Sur la surface de couleur brune sont tracées au feu des lignes géométriques. Faite de peau d'antilope ou de mamelle de chameau, cette pochette vient du Sahara et des Touaregs.

Boqradj.

بقراج

CAFETIÈRE, quelquefois en argent.

Boudjeniba, pl. Boudjenibât.

ابو جنيات .pl ابو جنيبة

A Tlemcen, c'est une petite fiole en argent avec tige de même métal pour le Koheul. Le mot signifie « crabe » ou « écrevisse ».

Bou Kebîr.

ابو كبير

ON désigne ainsi, à Touggourt, un bracelet en argent massif, ouvert ; il a un centimètre et demi de largeur au milieu ; il est plat sur sa surface interne et recouvert d'une moulure sur le bord. Les branches vont en s'élargissant et en s'aplatissant. Il est ornementé.

Bou Khadoudj.

ابو خدوج

NOM donné, à Touggourt, à un bracelet en argent massif, ouvert, de trois centimètres de large en son milieu, à branches allant en s'amincissant ; il est ciselé.

Bou Melia.

ابو ملية

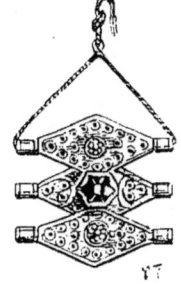

Bou Melia.

Broche composée de petits losanges allongés et superposés. Ce bijou de Moqnine rappelle la gotba de Tunis et d'ailleurs. Il est également porté à Tripoli ; le nom de Bou Melia paraît signifier « objet formé de bouchées ».

Bouqâl.

بوقال

Gargoulette ; vase à boire et aussi, en Tunisie, aiguière en argent.

Bouta.

بوظة

Nom arabe du creuset.

Brîm, pl. Braïm.

براييم pl. بريم

Bague d'or ou d'argent, avec ou sans pierres et surtout sans pierres. Quand l'anneau a un chaton ou forme cachet, il prend le nom de Khâtem. Le mot brim signifiant « torsade », c'est surtout la bague en torsade, constituée par un simple anneau en filigrane, que l'on nomme ainsi à Tlemcen.

Brìm mohabbeb.

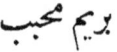

À Tlemcen, bague à surface granuleuse, d'où son nom de « mohabbeb », qui signifie « à grains » ou « à boutons ».

Bzâïm.

بزايم

À Oran, c'est le nom d'une broche de forme triangulaire, le plus souvent en argent, rarement en or à cause de son épaisseur. Ce bijou est percé d'une série de trous formant dessins. Une pierre précieuse ou une perle est enchâssée au milieu de chacun des six boutons. L'ornementation intérieure est faite au ciselé. Ce modèle paraît venir des Maures d'Espagne.

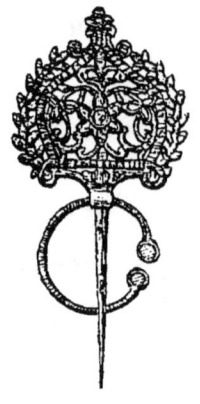

Bzàïm deheb (Alger) (Épingle en or fabriquée pour les Européens).

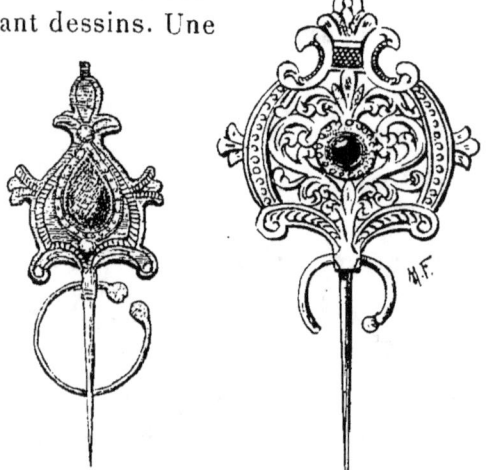

Bzàïm (Agrafes de la petite Kabylie).

Le mot bzaïm est le pluriel de bzìm et de bzìma, dont le sens étymologique est de « serrer fortement les dents pour retenir quelque chose ». Le nom de bzîm s'applique surtout à l'ardillon.

Bzaïm dâra.

بزايم دارة

Boucles d'argent, en forme de large anneau et servant au même usage que les bzaïm.

Bzeimât.

بزيمات

Ce nom au pluriel, diminutif de bzîma, est donné à Oran à une petite broche qui paraît de création toute récente. Elle est d'abord coulée dans un moule et ensuite retournée en forme de torsade. Les deux bouts carrés et plats se touchent et sont ciselés d'un côté. Cette broche se porte au cou. Elle est retenue par une épingle en cuivre ou en argent. Ailleurs, ces bzeïmât s'appellent *Khelalât*.

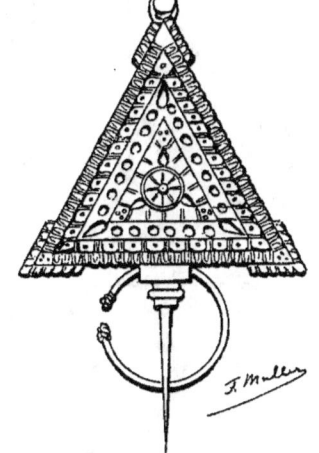

Bzîm (Tlemcen) (Fabrication ancienne pour le Sud).

Bzîm, pl. Bzaïm.

بزايم pl. بزيم

Broche de Tlemcen ; elle est en argent et ne dépasse pas le poids de 100 grammes. Très usitée chez les bédouines qui s'en servent pour accrocher le haïk. Bzim est pour *ibzim* de la langue littéraire, tandis que bzima est la forme vulgaire.

Bzîm segaa.

بزيم صفعة

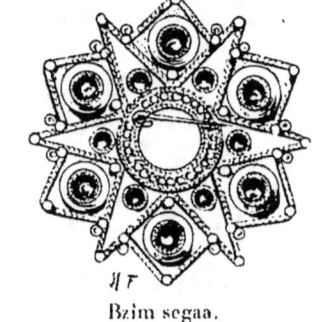

Bzîm segaa.

Ce bijou de Tlemcen n'est autre que le medouar. Le surnom donné à cette agrafe désigne une tache blanche se trouvant sur la tête d'un cheval.

Bzima, pl. Bzaïm.

بزائم pl. بزيمة

La bzima est, en Algérie, une large épingle formée le plus souvent d'un triangle plat (*sefih'a*) et d'une tige (*chouka*), au sommet de laquelle est adaptée une boucle en forme de croissant appelée *drâa*, souvent terminée par un ornement ou deux boules. Les contours des bzima anciennes sont assez variés. Certaines affectent celui d'un arc mauresque ; d'autres sont presque rondes; d'autres ovales ou triangulaires. On les emploie généralement par paires pour retenir le haïk. Elles remplacent l'ancienne fibule dont les Grecs se servaient pour attacher leur peplos. Le haïk, en même temps qu'il est fixé autour du corps, se trouve assujetti aux épaules, au-dessus des seins. Une chaîne, ou à son

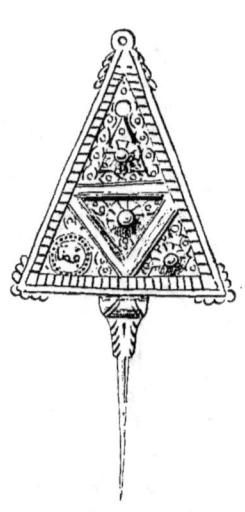

Bzima sans drâa (Alger).

défaut un ruban ou un cordon de soie, (qitân), relie d'ordinaire les deux bzaïm entre elles. Le plus souvent, ces broches sont en argent, assez grossièrement fondues ou quelquefois repercées. Il y en a cependant de fort belles dans lesquelles l'or rouge alterne avec l'or jaune. Quand les bzaïm sont enrichies d'émeraudes, de roses et de rubis, la sefih'a est quelquefois en or ; la chouka et la drâa, en argent. Lorsque ces bijoux sont en or et découpés à jour, les ornements ordinaires sont des enroulements, des fleurs, des marguerites, des trèfles, des volutes, des palmes. D'une monture très légère, tout le travail des bzaïm est fait à la main. La dimension de ces broches varie beaucoup ; à côté de très grandes, il y en a de très petites. Quand elles sont petites et allongées, on les nomme *ferigate*. Celles de Malte sont formées par une baguette d'argent tordue en cercle et recouverte ensuite de fil de même métal. La bzîma remplaçant l'épingle, inconnue des femmes arabes, est un objet de première nécessité. Le pluriel arabe *bzaïm* s'emploie bien souvent à la place du singulier

Bzîma (En or, très ancienne).

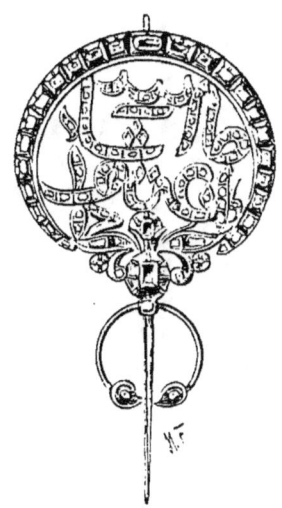

Bzîma portant en caractères ajourés et en pierreries : Ce que Dieu veut. Travail d'origine douteuse.

bzìma. A Fez, la bzìma est quelquefois une agrafe en or avec chaîne de même métal, qui sert à retenir le vêtement dit *izdr*. Dans la campagne marocaine, on appelle bzìma une boucle en argent qui orne la ceinture des femmes et qui se nomme *medhemma*.

C

Caftan.

فقطان

Long gilet brodé de soie et terminé par des glands d'or.

Châbir.

شابير

Eperon avec un dard très long; il est quelquefois en argent gravé et orné de pierres précieuses. Les

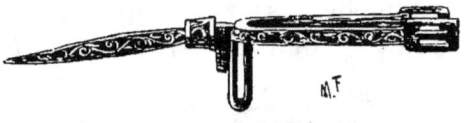

Châbir (Travail des Attafs).

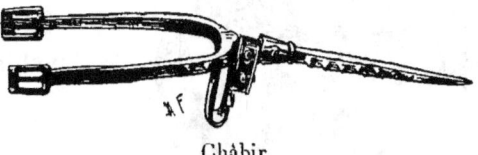

Châbir.

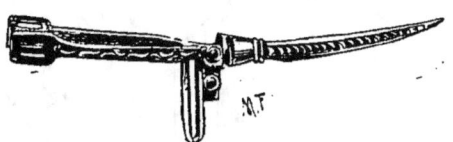

Châbir (Avec application d'argent et cabochons de corail).
Travail ancien des Ouled Madhi de Bou-Saada.

modèles anciens portés par les chefs étaient en fer damasquiné d'or ou d'argent.

Chachbaghir.

شاشبغير

Bijou en argent de Djerba. Variété du tigar de Tunis et de Moqnine. Triangle plané d'où pendent des chaînettes et des breloques. Se porte aux cheveux liés ou tressés.

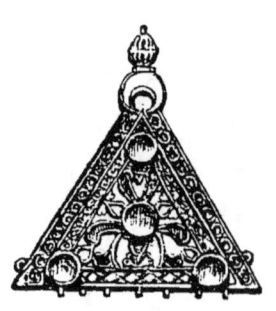

Chachbaghir (Sans les chaînettes).

Châchia meressaa.

شاشية مرصعة

Calotte garnie de dessins de fantaisie brodés en fil d'or ou d'argent. L'épithète *meressaa* signifie « damasquinée » ou « soutachée ».

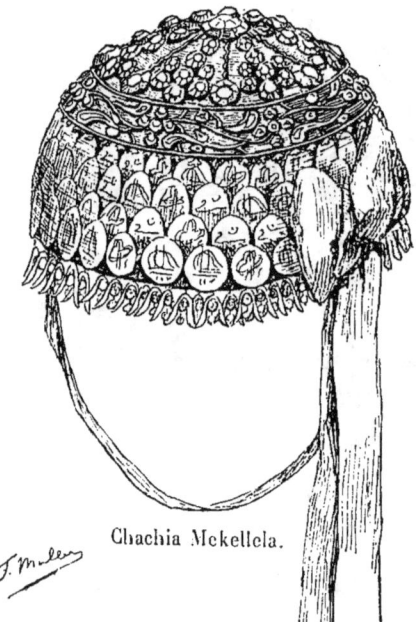

Chachia Mekellela.

Chachia mekellela.

شاشية مكللة

Calotte garnie d'un bandeau de sultânis ou de perles, d'où l'épithète *mekellela* signifiant « couronnée ».

Chaddaï.

Sorte de talisman juif. Autrefois, le chaddaï se faisait en étoffe brodée ; maintenant, c'est une plaque en argent qui se fixe à droite de la porte d'entrée de la chambre. Cet ornement est repoussé à la bouterolle suivant la fantaisie et l'imagination de l'ouvrier. Il y met des mains, des chandeliers à 7 branches, des ciseaux pour couper les mèches, un pot à l'eau, les marches de l'escalier du Grand-Pontife.

Cha'ira, pl. Cha'irât.

شعيرة pl. شعيرات

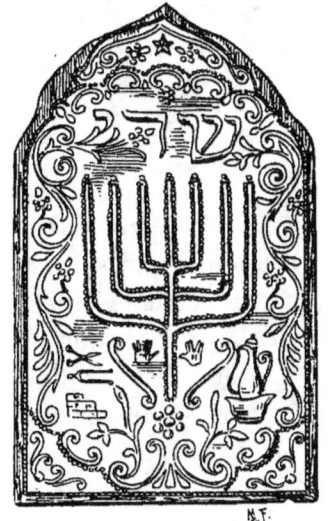

Chaddaï.

A Tlemcen, on donne communément le nom de « Kheit-Cha'ira » à ce collier en or formé d'un certain nom-

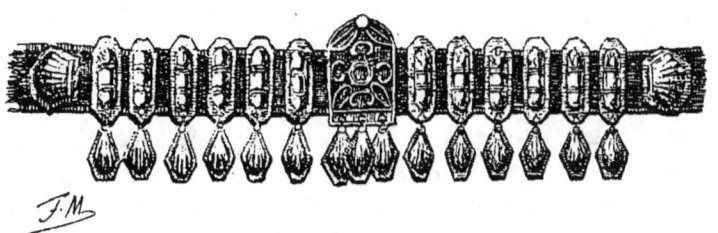

Cha'ira.

bre de pièces estampées, souvent au nombre de seize, isolées ou réunies entre elles par des charnières. Ces morceaux sont quelquefois incrustés de pierres précieuses. A chacun s'attache une pendeloque. A la plaque du milieu sont jointes trois pampilles. L'ensemble du collier passe dans un fil de métal ou de soie ou quelquefois est cousu sur un ruban. Ce bijou peut être comparé à l'açàba d'Alger.

Dans la campagne marocaine ce collier reçoit un motif

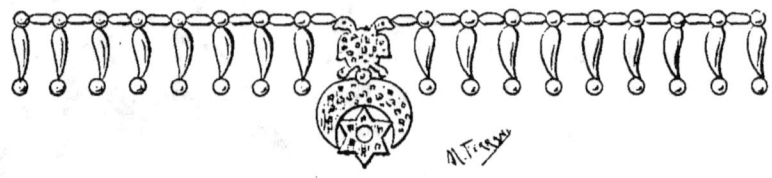

central de forme bizarre, sorte d'aigle à deux têtes, auquel est soudé un croissant renversé enserrant dans ses deux extrémités une étoile ou croix à six branches. Une enfilade de petites plaques hexagonales en or d'où pendent, à intervalles réguliers, de petits corps allongés terminés à leurs deux extrémités par des boules, se relie à la plaque du milieu comprenant l'aigle, le croissant et l'étoile est seule garnie de pierres précieuses.

Chaïria.

شعيرية

A Tripoli, collier sur ruban avec garniture à plusieurs rangées de pendentifs. Ainsi appelé à cause de ses ornements qui ressemblent vaguement à des grains d'orge (*chaïra*). Au centre pend un grand croissant au milieu duquel est suspendue une étoile portant à son tour une sorte de Khamsa. Chacun des doigts de cette dernière reçoit encore une petite breloque. De chaque côté du croissant on remarque une autre khamsa plus simple. — Le mot chaïria est également usité à Djerba pour désigner un collier avec breloques en forme de grains d'orge et

Chaïria de Tripoli.

qui se porte au cou. A Alger, cette parure se nomme *Kheit-ech-chaïr*.

Châmer, pl. Mechâmer.

مشامر pl. شامر

COLLIER composé d'une chaîne en or formée d'une suite de maillons, aplatis au marteau et soudés en dedans de telle façon que le point de soudure est invisible. Cette chaîne a près de deux mètres de longueur. Les mauresques s'en parent encore, mais les juives ont totalement délaissé ce bijou. Très souvent, à ce collier pend, comme breloque, une *lendjassa* en filigrane ayant la forme d'une pomme surmontée d'une poire, soit dans l'ensemble une sorte de gourde. Sur le filigrane sont incrustés des boutons de la grosseur d'une tête d'épingle. Le travail de cette *lendjassa* est certainement inspiré par la bijouterie de Malte; quelquefois elle est en ambre avec pendeloques. Un anneau de suspension permet d'attacher la lendjassa, qui est remplacée parfois par une cassolette en or dite *fekroun* ou une *meska*, Le nom donné à ce bijou vient sans doute de ce qu'on le compare au cordon de soie avec lequel les *saïs* retroussent leurs vêtements flottants pour mieux courir. Châmer signifie en effet « retroussant. »

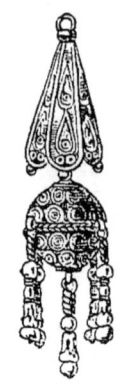

Lendjassa de Malte.

Chemmâsia.

شمّاسية

Cocarde habituellement en métal qui orne la bride du cheval à la réunion des montants et de l'œillère.

Chengâl, pl. Chenâguel.

شناقل .pl شنقال

Cette variété du Chengas a la forme d'un triangle découpé à la manière de la bzîma. Ce bijou s'accroche dans les tresses des cheveux, de chaque côté de la

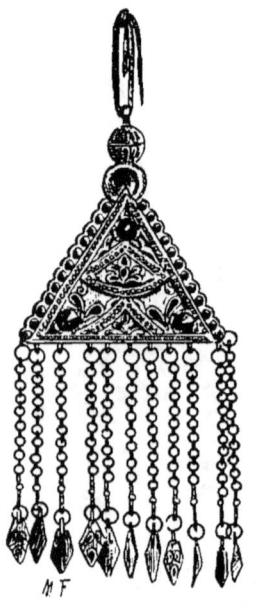

Chengâl.

figure, à hauteur des oreilles. Au chengâl sont appendues de nombreuses chaînettes terminées par des losanges ou de petits croissants. C'est le bijou des régions où les Ouled-Naïl vont gagner leur dot. Le mot *chengâl* appartient à la langue arabe vulgaire et signifie « crochet ».

Chengas, pl. Chenagues.

شناقس .pl شنقس

PLAQUE ovale en forme de demi-cercle avec un cadre de filigrane au milieu duquel se trouve une partie pleine ou ajourée. Ce bijou s'accroche sur la partie supérieure de la tête pour laisser pendre de chaque côté ses chaînettes à maillons forts. Le crochet du chengas s'appelle *mekhtâf*, mot qui signifie proprement « crochet ».

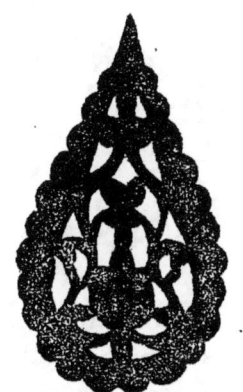

Moule de mekhtâf.

Chentouf.

شنتوف

NOM que les habitants de Miliana donnent à la cherka (voy. ce mot). Ce mot, d'origine berbère, signifie : « calotte de cheveux laissée au sommet de la tête. »

Cherka, pl. Cherek.

شرك .pl شركة

TERME générique du collier de femme. Il s'emploie aussi pour désigner l'ensemble des bijoux des femmes sahariennes. Enfin, ce mot s'applique spécialement à Alger à un collier en paillettes d'or passées dans un cordon ; au milieu est suspendue une cassolette de la largeur de trois doigts. C'est un talisman qui préserve des maladies et des ennemis. On l'appelle *medibah* quand il est composé de pièces d'or anciennes. — A Tlemcen, la cherka est un collier formé par des pièces d'or dites *sultani* ou par des louis français. S'il est formé par des perles, on le nomme cherka bel djouher (collier avec perles). — A Tunis, la cherka

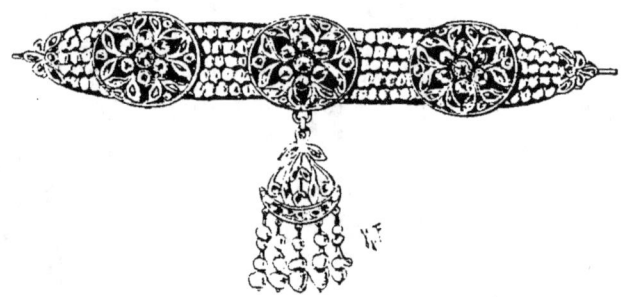

Cherka avec diamants (Tunis).

est un collier carcan en argent qui emprisonne le cou. Il se compose d'un ruban sur lequel s'appliquent trois rosaces de diamants reliées entre elles par cinq rangées de perles fines. A la rosace centrale pend un croissant avec des pendeloques de perles.

Cherka qamra.

شركة قمرة

COLLIER de poitrine de Moqnine. Sur une enfilade de perles de verre, d'olives, d'agates et de boules creuses en argent doré s'accroche une série d'ornements, pièces de monnaie d'argent, triangles avec chaînettes, bouqal ou zelza (entrée de serrure). Au centre, une pièce

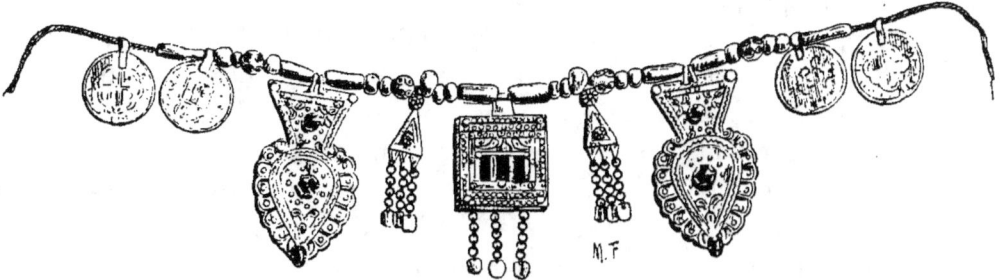

Cherka qamra.

carrée, émaillée, encadrée de galons et portant au milieu des fenêtrages à fond rouge.

Cherket ech Cheikha.

شركة الشيخة

COLLIER avec des morceaux d'une pâte parfumée.

Cherket el-anbar.

شركة العنبر

COLLIER fait avec des boules d'ambre (*anbar*) auxquelles s'ajoutent parfois des breloques d'or en forme de croissants. Parure algérienne.

Cherket es-sultâni ou Cherket es-sultâna.

شركة السلطانة   شركة السلطانى

COLLIER composé d'anciennes pièces de monnaie arabe montées en bijou et cousues en un ou plusieurs rangs, sur un galon de velours très mince appelé *senîta*. La pièce d'or que l'on emploie pour ce collier est le sultâni qui pèse 3 grammes 2 décigrammes et vaut intrinsèquement 12 francs. On se sert également de demi-sultâni et de quarts de sultâni, monnaies divisionnaires du sultâni. Ces pièces sont frappées, soit au nom d'un ancien dey d'Alger, soit au nom d'un souverain musulman quelconque, le plus souvent celui de Constantinople. Le titre de ces pièces d'or est élevé; il est parfois de 900 millièmes et toujours au moins de 800 millièmes. Cette cherka est encore formée de douros espagnols percés en quatre endroits et rattachés les uns aux autres par trois rangs de verroteries ou de corail en branches. Ce bijou, tout à fait barbare, est facile à faire sans le secours d'un orfèvre. Plus on s'enfonce dans le Sud algérien, plus il devient commun.

Cherrâba.

شرّابة

PENDELOQUE en or émaillé de forme ovoïde avec zone et pampilles. Il s'accroche par une chaînette dans la chevelure. C'est le nom du gland au Maroc. Maqqari, au xvııe siècle, raconte que certains Maures portaient jadis des glands d'or massif ornés de pierreries et de rubis. Hakem II fit cadeau à Ordoño IV d'un burnous brodé d'or ayant au capuchon un gland d'or massif orné de pierreries.

Cherraba.

Chertela.

شرتلة

COLLIER de verroteries vertes, bleues et jaunes, de différentes grosseurs, que les jeunes filles portent au cou.

Le mot *chertela* sert à désigner tout paquet de choses enfilées, surtout les poissons et les oiseaux.

Chouka.

شوكة

Nom arabe de la pointe à tracer. Se prononce quelquefois *souka*. Étymologiquement, le mot veut dire « épine ».

D

Dah, pl. dehouh.

دحوح .pl (داح pour) دحّ

En Kabylie, ce bracelet de bras est un plané travaillé au repoussé. Il porte souvent du corail serti en cabochons dans une capsule surélevée, comme les bijoux carlovingiens. Le *dah* est moins grand que l'akhalkhal et il est, de plus, fermé par une charnière à goupille. Le décor se compose de compartiments dans des cadres brodés d'un fil d'argent en forme de corde. Cette ornementation se fait suivant le procédé ordinaire qui consiste à garnir au préalable la pièce d'un manchon de bois entouré de plomb. L'outil servant à repousser s'appelle *tameuracht*, pl. *timeurachin*.

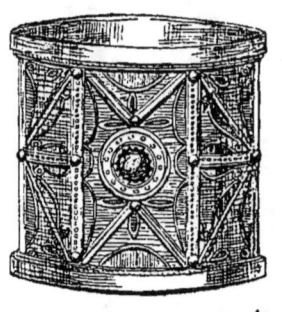

Dah des Beni Yenni.

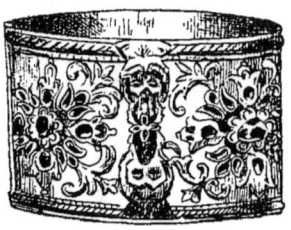

Dah (Tlemcen).

A Alger, on appelle dah le bracelet à pointes qui, à Biskra et à Bou Saada, se nomme souâr.

A Tlemcen, c'est un large bandeau d'or, émaillé de couleurs diverses dans des cloisons. Ce modèle doit venir de Moqnine ou de Djerba (voir hadida).

Dah deg el-hommès.

دح دق الحمّص

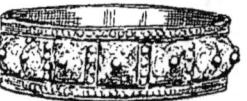

Dah deg el-hommès.

Ce bracelet, porté à Oran, est couvert de boutons et de rangées de grains soudés alternativement. Ces grains sont comparés à ceux du pois chiche (hommès) d'où le surnom de ce bijou.

Dah ed-deheb.

دح الذهب

Gros bracelet d'or (*deheb*) qui se porte à Tlemcen. Bijou nouveau émaillé. Largeur, trois centimètres et demi. Au milieu, des fleurs en fil d'or. Ne dépasse pas le poids de 330 grammes.

Dah el-manfakh.

دح المنفخ

Gros bracelet renflé, bordé d'une cordelière et portant des appliques représentant des fleurs ou hérissées de petites pointes.

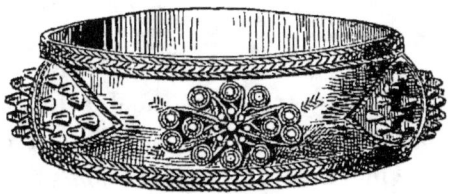

Dah el-manfakh.

Dah mebroum.

داح مبروم

BRACELET en torsade. Il est formé de deux gros fils d'argent enroulés deux fois sur eux-mêmes et limés intérieurement et extérieurement. De création récente à Oran. L'épithète *mebroum* signifie « tordu, cordé ».

Debbâh fodda.

ذباح فضة

BRACELET en argent (*fodda*). Petit et peu orné, il se porte à Tanger. Les compartiments en relief qui le divisent, se terminent par des clous carrés.

Debbah fodda mohabbeb.

ذباح فضة محبب

BRACELET en argent de moyenne grandeur, surmonté, pour tout ornement, de gros grains à intervalles réguliers ; de là son nom de mohabbeb « à grains. »

Debledj, pl. debaledj.

دبالج pl. دبلج

NOM donné à Tunis à un bracelet formé d'un mince plané sans charnière. Il est surtout porté dans les campagnes. Ce mot *debledj* est pour *demledj* et se prononce *deblez* à Tunis.

A Tripoli, les debledj sont des bracelets massifs, très larges, travaillés au repoussé, avec un boudin ouvert formé d'un gros filet tressé. Ils sont sans fermetures et ressemblent aux *ikhalkhâlen* kabyles, mais ils se portent au bras.

A Djerba, le debledj est d'ordinaire en or et prend les formes suivantes : 1° Bandeau creux et demi-rond. Une légère torsade en bordure. Des appliques émaillées bleu et rouge de la forme d'un trèfle soudées sur le corps de distance en distance ; 2° Plané orné de lignes parallèles et au centre un demi-boudin rond ; 3° Bracelet étroit, plein et lourd, taillé en biseau du côté externe. Ornements gravés : des lignes géométriques figurant une arête de poisson ; 4° Bracelet massif en or ou en argent, ouvert, bombé, avec des dessins géométriques ciselés. Se porte au poignet en manchette comme le dah kabyle ; 5° Bracelet coupé en deux par un boudin.

A Tanger, le mot debledj est le terme générique du bracelet en argent ciselé.

Debledj chems ou gamar.

دبلج شمس وقمر

Bracelet de Tanger qui porte, en relief bombé, des tresses en diagonale d'or ou d'argent, alternativement unies

Debledj (Soleil et lune).

ou ornées. On l'appelle soleil et lune pour indiquer qu'il est en or et argent. Pas de bordure ni d'entourage.

Debledj chems ou gamar merebba.

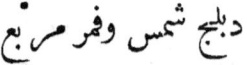

L'ÉPITHÈTE merebba, qui distingue ce bracelet du précédent, veut dire « carré ». Il est d'usage à Tanger. En or et en argent, il porte des appliques en relief entre deux rangs de perles. De distance en distance ces appliques sont divisées en compartiments au centre desquels est un clou mauresque.

Debledj deheb.

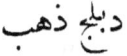

AINSI que son nom l'indique ce bracelet de Tanger est en or pur (*deheb*) ; il est très petit avec des ornements en largeur ou en diagonale d'un relief peu accentué.

Debledj foddà.

BRACELET de Tanger en argent (fodda). L'ornement est une tresse en diagonale alternativement mate et ornée. Bordure enrubannée.

Debledj menfoukh.

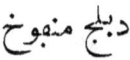

BRACELET massif de Djerba, orné de ciselures et, de loin en loin, d'appliques contenant des pierreries et de petits dômes ajourés. Il est à charnière et se ferme au moyen d'une goupille attachée au bijou par une chainette.

Debledj nogra mohabbeb.

دبلج نقرة محبب

Bracelet de Tanger orné de lingots granulés.

Deheb.

ذهب

Nom de l'or en tant que métal.

Dekir.

ذكير

Nom arabe de l'acier.

Delâbech.

دلابش

Terme de Tunis pour les breloques de toutes sortes.

Deldoul.

دلدول

Toutes sortes de pendeloques (Alger).

Demledj chems ou gamar.

دملج شمس وقمر

CE bracelet, qui se porte à Fez, ne s'ouvre pas ; il est en argent massif ; mais de distance en distance on a creusé le bracelet, étendu au fond une légère couche de sable, puis fondu de la cire et versé dessus de l'or. Le tout est maintenu par un clou à tête dorée et rivé à l'intérieur du bracelet.

Demledj guern ghezâl.

دملج قرن غزال

BRACELET de la campagne marocaine, ainsi nommé parce que les côtés sont comme des cornes de gazelle (guern ghezâl).

Demledj taasir es-saboun.

دملج تعصير الصابون

LA surface de ce bracelet, en usage dans les environs de Fez, ressemble à du linge tordu quand on le lave,

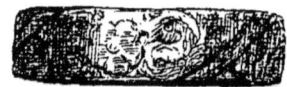

d'où son nom de taasir es-saboun, littéralement : « Mousse de savon. »

Demledj deg el-ibra.

دملج دق الابرة

Ce bracelet, dont les côtés sont comme des aiguilles (*ibra*), est surtout porté dans les environs de Fez.

Demmân el-Kabous.

ضمان الكابوس

Sous-garde du pistolet ; elle est souvent en argent.

Dendena.

دندنة

Grandes boucles d'oreilles formées par un fil portant des perles ou des coraux. A la partie inférieure se balancent des sequins et des breloques dont le bruit produit un cliquetis sur l'oreille, d'où leur nom, *dendena*, qui signifie « cliquetis ». Cette parure est en usage à Tripoli.

Derga.

درقة

A Mostaganem, c'est un collier de 5o à 6o centimètres de longueur et, le plus souvent, en argent. Cette parure se termine par des bzaïm. Le collier se compose de six pièces de forme déchiquetée, retenues entre elles par des charnières et s'accrochant à une pièce dite *fekroun* (tortue), percée à jour ou pleine et dont la surface est alors

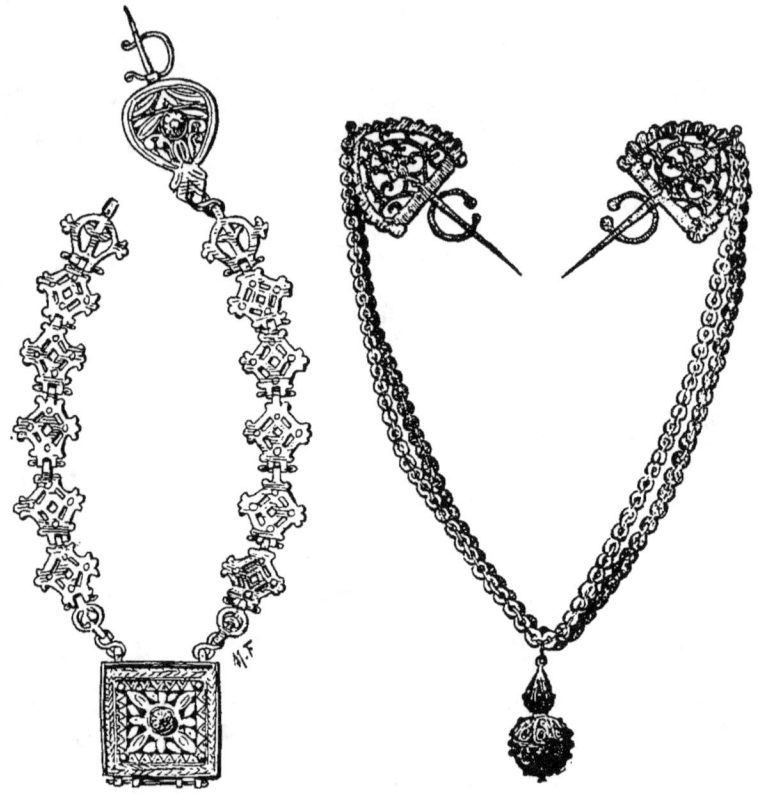

Derga en or de Lella Zineb.   Derga (Alger).

travaillée au repoussé. Il s'en trouve un exemplaire en or, très beau, parmi les bijoux de la marabouta Lella Zineb à Bou Saada.

A Alger, cette parure se fabrique pour le Sud. Elle comprend une chaîne à maillons plats, avec, aux deux bouts, une bzîma en argent ajourée et incrustée de pierres précieuses et de rubis si elle est en or. Le mot *derga* signifie bouclier. Le bijou a été ainsi nommé à cause du harz qui pend quelquefois au bout de la chaîne, remplaçant la lendjassa et servant de préservatif contre le mauvais œil.

Derga selsela.

درقة سلسلة

C'est, à Bou Saada, le nom d'une chaîne avec trois grosses boules, et aux deux bouts, pour la fixer, des bzâim

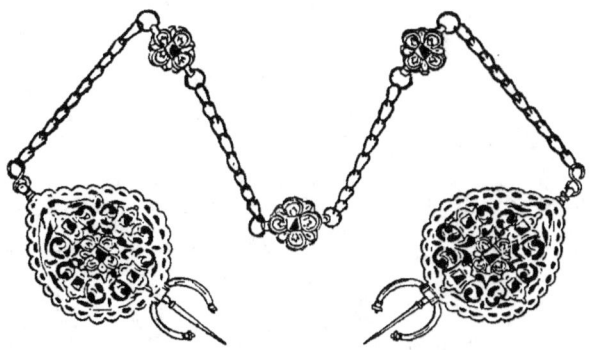

Derga selsela.

découpées en ovale et quelquefois incrustées de pierres précieuses, émeraudes et rubis.

Dîr.

دير

Nom arabe du poitrail du cheval et de la pièce d'argent qui pend sur le poitrail du cheval. Le poitrail se désigne encore par le mot *badera*, « la chose qui se hâte ».

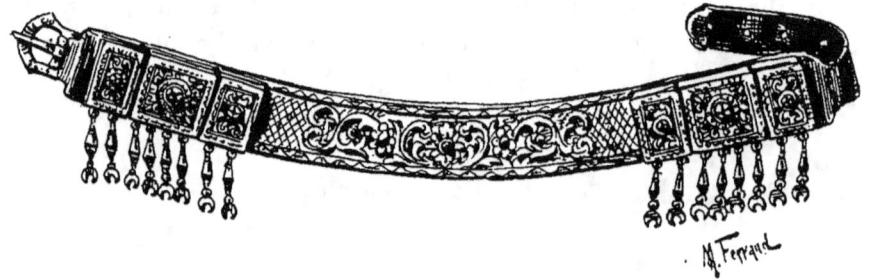

Badera.

Il est souvent garni d'une lanière de cuir, parfois brodée et ornée de plaques avec pendeloques de croissants.

Djebîn, pl. Djebaïn.

جبين pl. جباين

FRONT est le sens propre de ce mot qu'on peut traduire par frontal. C'est l'açaba du département d'Alger, dont

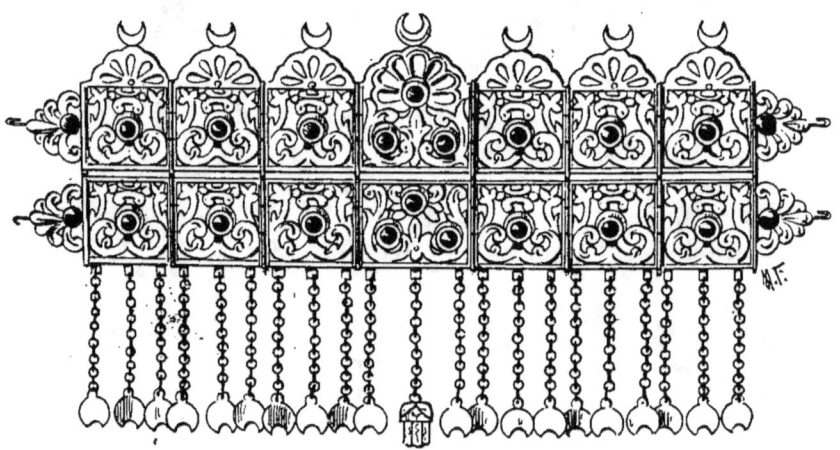

Djebin de Biskra.

il diffère légèrement. Il se compose, comme lui, de plaques

minces en or, couvertes de reliefs avec enchâssements de pierres précieuses. Il n'a pas l'élégance de travail de l'açaba. Il est souvent à deux rangs superposés et formés de plaques découpées à jour. A la partie inférieure pendent des chaînettes avec des croissants. Le nom de djebîn est souvent employé en Tunisie et dans le département de Constantine.

Djelitha.

جليطة

Bracelet à large bandeau, généralement en or et qui se porte à Tunis.

Djaâba.

جعبة

Bijou en argent ; le mot signifie « tuyau », « tube ».

Djoua.

جوى

Nom de la gaine ou du fourreau qui se nomment aussi *ghelàf*.

Djouher, pl. Djouâher.

جواهر .pl جوهر

Le mot est un collectif qui est le nom générique des perles. Une seule perle se dit *djouhra*. Le diminutif a comme forme : djouhira.

Djouher ma'mmer fel Khiout.

جوهر معمر في الخيوط

Ainsi que le nom l'indique, ce sont des perles montées sur des fils et servant à garnir le nâb ou la Khorsa.

Djouzet el-tenfiha

جوزة التنفيحة

Tabatière faite de noix de coco, ainsi que son nom l'indique (*djouza*). Elle se fabrique au Maroc et se ferme

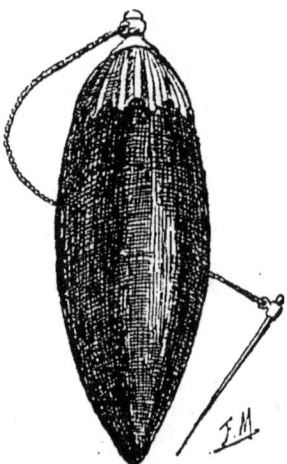

Djouzeh
(Tabatière de Mogador, en noix de coco).

souvent avec une collerette en argent, à laquelle est fixée une chaînette dont l'extrémité est garnie d'une tige utile pour désagréger le tabac qui peut adhérer aux parois de la tabatière.

E

Elmas.

الماس

Nom arabe du diamant, peu employé dans le langage courant ; c'est le mot grec ἄδαμας, passé, avec une légère transformation, dans la langue arabe.

Er-rât.

الراط

Creuset qui sert à transformer en lingot l'or ou l'argent.

F

Fâs.

فاس

Mors du cheval qui, sur la frontière tunisienne, s'appelle *hâdida*.

Fekroun.

فكرون

A Alger, cassolette à parfum en filigrane et dont la la forme ovale rappelle un peu celle de la tortue (fekroun). Elle est, le plus souvent, en argent; cependant on en trouve aussi en or. On y met du musc ou de l'ambre. Le Fekroun se suspend par un cordonnet de soie ou par une chaîne d'or et se porte sur la poitrine (V. anbra et meska). Le même mot s'emploie dans la campagne marocaine pour désigner une boucle en argent ou en argent doré qui se met sur le poitrail des chevaux. La forme *fekrouna* a le même sens que fekroun, dont elle est le nom d'unité.

Fekrouna.

فكرونة

Partie du harnachement de cheval. C'est une plaque de côté, fondue, à jour et grossièrement ciselée comme le Kadel. Elle se compose de deux pièces, en exceptant les accessoires de la base de ce bijou. Derrière la plaque supérieure il s'en trouve une autre en plané et carrée, de 0^m,02 de contour. Celle-ci est soudée à chacun des deux côtés opposés aux extrémités, afin de former une ouverture et de laisser le passage libre pour le contre-sanglon du poitrail. Trois ou cinq petits œillets de suspension sont soudés à la base du plané, et un même nombre de pendeloques et de croissants forment la garniture. Il y a trois de ces plaques : une au centre du poitrail et deux de chaque côté.

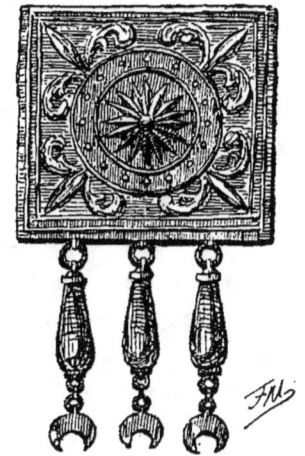

Fekrouna.

Fellaya.

فَلَّاةٌ

Peigne fin pour démêler les cheveux (Tunis).

Fenâr.

فنار

Bijou de Fez en or, auquel sont attachés des fils avec des perles. Se met sur le côté de la tête et se fixe à la coiffure. Le mot « fenàr » signifie « fanal ».

Ferda bel-habba.

وردة بالحبة

CE bracelet, dit « aux boutons » (bel-habba), est fait avec double bordure soudée, l'une en fils ronds et unis, l'autre en fils tors superposés. La fermeture à goupille se compose de trois chaînons sans coulisse, soudés aux extrémités du cercle. Le corps principal, coulé au moule, présente des reliefs hémisphériques, séparés par des grènetis perpendiculaires aux bordures. Il se porte à Constantine. Le mot *ferda,* qui veut dire « unique », vient peut-être de ce qu'on ne porte qu'un seul bracelet à la fois et non une paire.

Ferg bel-mahboub.

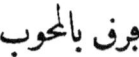

BANDEAU avec des pièces de monnaie d'or, d'où son nom « bel mahboub », avec mahboub ou pièces d'or. Quant au mot *ferg,* il paraît signifier ici « mis à côté les uns des autres », non superposés. C'est une parure de Tunis.

Flissa.

فليسة

LONG poignard dont la lame est recourbée, mais moins que celle du yatagan. Sur la lame sont incrustés souvent des caractères arabes ou des ornements, à la façon des armes de Damas. La poignée est en argent dans les armes de luxe. Le fourreau est alors de même métal et travaillé au repoussé, avec une ornementation de fleurs et

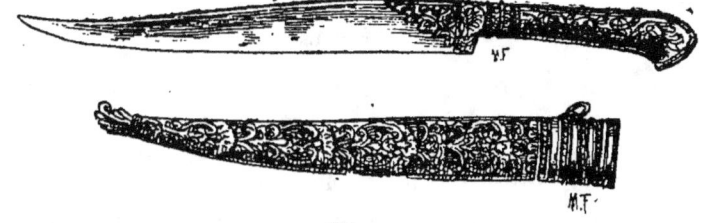

Flissa.

d'entrelacs. La fabrication de ces armes était spécialement faite par les Kabyles et la tribu des Flissa (subdivision de Dellys), d'où le nom donné à ces armes.

Fodda.

وضة

Nom de l'argent comme métal.

Foulet Khamsa.

بولة خمسة

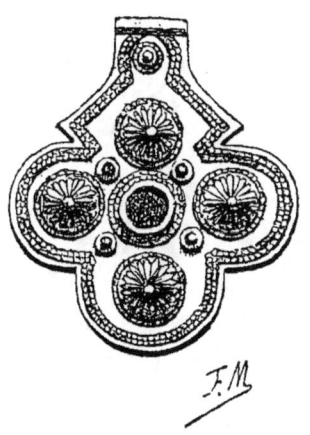

Plaque en argent avec un chaton de verre vert au milieu. Les femmes de Merrakech portent ce bijou sur la poitrine ; celles de Tanger et de la côte, au contraire, l'attachent à la ceinture. Le mot *foula* signifie « fève » et aussi la noix d'une arme à feu ; quant à Khamsa, c'est le nombre cinq et le nom de la main qui conjure le mauvais œil. Ce bijou est celui que l'on rencontre le plus sur le littoral du Maroc.

Fouta.

بوطة

Pièce d'étoffe en soie, de forme rectangulaire, souvent ornée de franges d'or. Les femmes la nouent à leur ceinture par-dessus leur pantalon et elle prend ainsi la forme d'une sorte de jupe ouverte sur le devant.

Frîmla.

بريملة

Corselet brodé, échancré et sans manches, le plus souvent en velours soutaché d'arabesques, de fils d'or et de paillettes d'argent. Il apparaît sous le haik.

G

Gâz.

فاز

CISAILLES des orfèvres algériens.

Ghaïta.

غايطة

GRANDE trompette droite comme un pipeau de village. Celui qui en joue en tire des sons stridents. La tige est recouverte d'un fil d'argent. Le pavillon est orné de lames d'appliques, de boutons d'argent et de breloques composées de croissants et de morceaux de corail. L'étui qui pend toujours à la ghaïta est souvent en soie brodée.

Gheláf es-sekkin.

غلاف السكين

GAINE du sabre, du couteau et du yatagan. Les anciens fourreaux sont fréquemment travaillés au repoussé avec des ornements variés, des lignes, des fleurs, des croissants et des branches couvrant toute la surface. Ces gaines sont parfois dorés à la pile quand elles viennent de l'étranger. Les grands personnages d'Alger possédaient jadis des armes magnifiques avec des manches d'agate ornés de pierres fines et des lames ondoyantes, damasquinées d'or et ciselées à nervures. La gaine est aussi appelée *djoua*.

Ghosmâr.

غسمار

Broche de Djerba composée d'un triangle ouvragé et semblable à la paume de la Khamsa, avec, comme breloques, des chaînettes terminées par une petite Khamsa. Le mot *ghosmâr* signifie « mâchoire. »

Gonbri.

قنبري

Sorte de guitare à deux cordes, faite d'une carapace de tortue ou d'une courge à laquelle pendent quelquefois des croissants d'argent et des morceaux de corail. On dit aussi *guenibri*.

Gotba.

قطبة

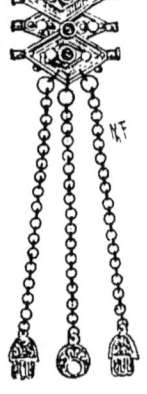

Gotba.

En Tunisie, on appelle ainsi une breloque en forme de parallélogramme estampé et garni de filigrane avec chatons pour pierres précieuses ; c'est aussi une broche de cou formée de 3 losanges très allongés et accouplés ; celui du centre est intercalé dans les autres. Ornements en relief, petits cylindres d'argent ou de corail aux deux bouts. A la base, des chaînettes d'argent accrochant des mains et des disques ajourés. Le mot *gotba* désigne « la pointe de fer de la flèche ». On l'appelle aussi Negarènes accouplés.

Goussa, pl. Goussès.

قصص pl. قصّة

Bandeau de front porté en Tunisie. Ruban ciselé avec breloques pendantes s'appliquant sur le front. Ce mot signifie « mèche de cheveux ».

Guemz.

قمز

A Fez, un anneau d'or aplati sur le dessus et surmonté de petites boules d'or.

Guerbsoun.

فربصون

Nom donné, à Constantine, au caparaçon brodé d'or ou d'argent.

H

Haddâd.

حدّاد

Nom arabe du forgeron, de l'orfèvre et de tout ouvrier en métaux. Dans le Sud, c'est le forgeron qui fabrique les bijoux.

Hadaïd.

حدايد

Pluriel de Hadida, que l'on emploie parfois à la place du singulier pour désigner les bijoux qui portent ce nom.

Hadida.

حديدة

Ferronneries, ferrements, outils en fer; ce mot est fréquemment employé dans l'Est de l'Algérie pour désigner les bijoux en général. Dans le Sahara, ce nom s'applique au bracelet. — A Djerba, on désigne sous ce vocable : 1° un bandeau couvert d'émaux cloisonnés verts ou rouges, figurant des palmes,

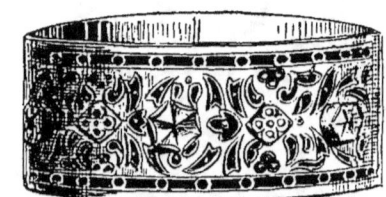

Hadida (Bracelet émaillé de Djerba.)

des feuillages et, en haut relief, des clous et des cabochons de pierres ou de verres de couleur. La bordure est émaillée et la fermeture est à charnière et à goupille ; 2° un bracelet plané assez large en argent sans charnière, avec bordure. Les ornements figurent des feuilles de palmier. Ce bijou a la même forme que la *mebila* et s'en distingue seulement parce que ce dernier est en or. — A Tripoli, la hadida est un bracelet large et ordinaire travaillé au repoussé. — A Tunis, on donne ce nom à de larges bracelets, généralement en argent et qui se portent par paire. Ils sont formés d'un plané bordé d'une corde. Quand il est ajouré il prend le nom de *balta* et, s'il est coupé par un boudin au centre qui le fait paraître formé de deux parties, il est dit *deblez*. Formée d'arabesques ou d'entrelacs surmontés de pierreries, la hadida ajoute à son nom le mot *yamant*.

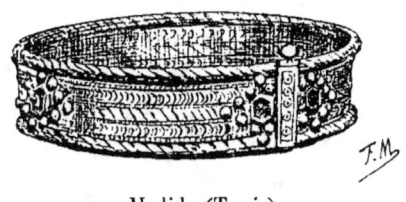

Hadida (Tunis).

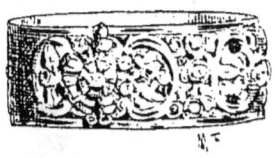

Hadida Yamant (Tunis).

Hadida est synonyme de *meqias* ; ce dernier mot s'emploie plus volontiers quand le bracelet est étroit.

Hadidet Khedouz.

حديدة خدوج

En Tunisie, c'est un bracelet formé d'une plaque demi-large sans charnières. — A Djerba, c'est un bracelet en argent plané, mince, à charnière, portant des clous mauresques en relief.

Hadidet el-hout.

حديدة الحوت

Bijou confectionné, à Constantine, au moyen de deux lames d'argent moulées à jour en forme d'arêtes de poisson (*hout*) entre deux rangées, l'une de fils plats et l'autre de fils ronds. Un rang de fils tors est, en outre, soudé en bordure. Des coulisses carrées renfermant trois petits chaînons servent de fermeture. Quelquefois, l'arête seule est montée. Dans ce cas on y soude, par superposition, les trois bordures, d'abord plates, puis rondes et enfin torses.

Hadjela.

حجلة

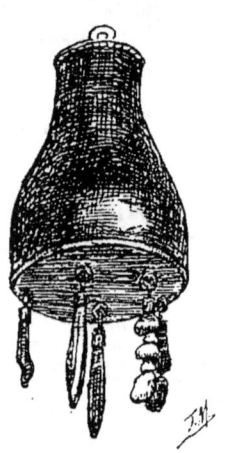

Hadjela.

La prononciation tunisienne est *hazela*. C'est un gland d'ambre noir avec garniture d'or ou d'argent et pendeloques. Il s'attache sur l'épaule avec un ruban pour tomber au-dessous de l'aisselle. Le mot hadjela paraît être pris ici avec le sens de balzane.

Hadjar.

A Fez, boucles d'oreille se composant d'un anneau non fermé auquel sont suspendus des médaillons en or avec pierres précieuses. *Hadjar* signifie « pierres ». Souvent ce nom est précédé de l'article arabe *el*, et on dit alors *El-Hadjar*.

Hadjret el-ayar.

حجرة العيار

Pierre de touche.

Hadjra horra.

حجرة حرّة

Nom de la pierre précieuse naturelle en arabe. Mot à mot « pierre libre » ou de condition libre (noble).

Hafâïdh.

حمايظ

Nom donné aux étriers en argent à Constantine.

Hafer.

حافر

Bijou de Djerba. Pièce ressemblant à une Khamsa ; elle se met sur le front comme le djebìn. Le mot en arabe signifie « sabot de cheval ».

Hanech.

حنش

Dans la campagne marocaine, ce bijou en or, garni de diamants et de pierres précieuses, se porte sur la tête, en long comme une tresse. Il se compose de sept

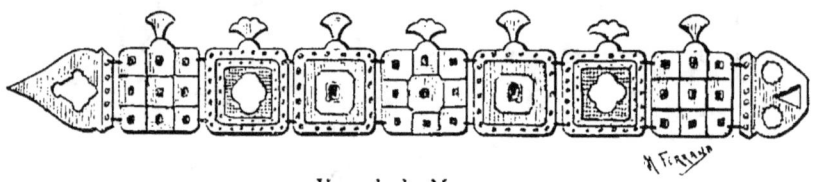

Hanech du Maroc.

plaques très variées d'ornementation, surmontées de croissants ou de haches. A l'un des bouts, un fer de lance ; à l'autre, une espèce de tête de mort. Son nom signifie « serpent » ou « couleuvre ». — A Fez, le même nom est donné à un ruban sur lequel sont attachées des perles et des pierres précieuses. Se porte sur le front.

Haouâfer.

حوافر

Plaque en demi-lune, perforée, découpée comme le nom l'indique, ainsi qu'un sabot de cheval (hâfer, pl. haouâfer). Parure portée à Djerba.

Haouâqa.

حوافة

Bijou de Fez composé de fils d'or avec perles, cousus sur un ruban auquel sont suspendus : à droite, des médaillons en or séparés les uns des autres par des perles et, à gauche, des plumes. Se porte sur le front. Les médaillons sont au nombre de cinq. Le mot arabe signifie « ce qui entoure ».

Hardj.

حرج

Garniture de bride en argent ajourée et ciselée assez grossièrement. Son ornementation et sa forme varient beaucoup. Elle se compose de cinq ou six pièces. Le mot *hardj* signifie « équipement, harnais ».

Harqous.

حرفوس

Ce mot, qui indique les sourcils arqués et rejoints à l'aide d'un maquillage, s'emploie aussi pour désigner une sorte de ferronnière qui se met sur le front sous le *zeriret*.

Harz, pl. Herouz.

حروز .pl حرز

Talisman ou reliquaire contenant des versets du Coran ou des tableaux cabalistiques. Il en est de différentes formes. Les uns ont l'aspect de boîtes carrées travaillées au repoussé avec des rinceaux et des fleurs ; ils sont fermés par un couvercle détaché avec, aux deux pièces, des anneaux de suspension soudés. Les autres affectent la forme triangulaire, ne s'ouvrent pas et sont garnis d'attaches. D'autres enfin sont cylindriques, s'ouvrant à l'une des extrémités et portant également deux boucles. Les harz sont le plus souvent enfilés par leurs anneaux

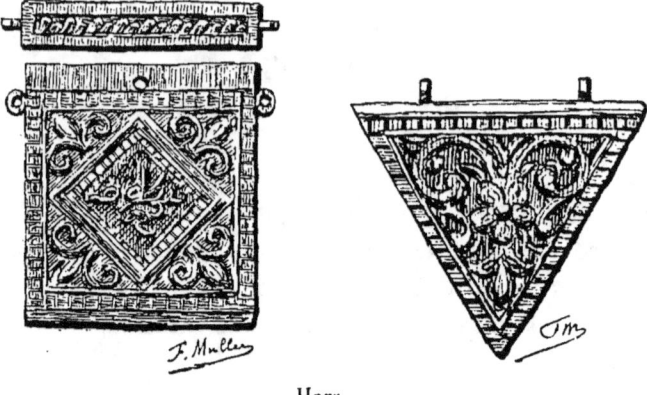

Harz.

dans une chaîne de jaseron. — A Tunis, la forme du harz est ordinairement celle d'une boite plate gravée. C'est une sorte de porte-bonheur arabe.

Haska, pl. Hassek.

حَسَكة pl. حَسَك

Pièce de garniture, sphérique, plus ou moins grande, en deux parties hémisphériques formées de feuilles contournées au marteau et soudées entre elles à l'aide d'une rondelle d'argent. Cet ornement est aussi en filigrane, et se termine par deux petites douilles où passe un fil de suspension. Quelquefois ces boules ajourées, semblables aux boutons espagnols de petite dimension, servent à former des colliers. Très employées à Bou-Saada comme ornement détaché. Le mot *haska*, dans ce sens, est le nom de la graine d'une ombellifère très commune en Algérie et qui s'attache à la laine des moutons. C'est une sorte de ruban bordé d'épines sur sa surface, enroulé en spirale et formant une boule.

Haska, pl. Haskât.

حسكة pl. حسكات

Même mot que le précédent, signifiant bougeoir à Alger, chandelier à Oran, à Constantine et en Tunisie. Il est quelquefois en argent, mais rarement. Le nom de *chandar* est encore employé pour distinguer cet ustensile d'origine européenne, car les Arabes se servaient surtout de lampes.

Hazâm.

حزام

C'est le nom générique des ceintures. Autrefois elles étaient en soie et très larges, terminées par des glands en argent doré ; elle n'avaient alors aucun besoin de boucles pour être serrées à la taille. Il n'en est plus de même depuis l'importation des ceintures françaises ; on a pris ce terme pour désigner des boucles faites à Paris ; car il s'en fabrique très peu sur place ; ces plaques, désignées parfois sous le nom de *ghelaqât,* affectent la forme de rosaces enrichies de pierres précieuses. Certaines de ces boucles s'appellent aussi *Khenfoussa* ou *Bezdîm hazâm.* Parmi les plus riches ceintures qui ont été fabriquées en Algérie, il convient de citer celle que Abderrahman Chikiken, riche marchand de tabacs de la rue de la Lyre à Alger, offrit à sa fiancée, à l'occasion de son mariage. Cette ceinture, qui ne coûtait pas moins de 15 000 francs, était en or plané avec des incrustations de pierres précieuses. On voyait encore, il y a quelques années, à Alger, des ceintures anciennes formées de cinq petites plaques carrées avec, au milieu, une grosse plaque ronde ou ovale servant d'agrafe. Sur chaque pièce, des pierres étincelantes étaient serties dans des montures en argent. Elles ne devaient pas être de fabrication indigène.

Hennâk.

حنّاك

Broche en argent dont se servent les arabes nomades à défaut de bzìma.

Herâriz.

حراريز

Bracelets en argent ne s'ouvrant pas. Les femmes les portent pour maintenir les autres bracelets. Ils sont beaucoup plus étroits et plus légers que les autres. Il y en a aussi en or. C'est, en ce moment, le bracelet à la mode à Fez; il est très récent. Le mot est le pluriel de *harràz,* « qui veille, qui garde ».

Hereb, pl. Harbout.

Nom donné par les Juifs au couteau de circoncision.

Hoqqa, pl. Hoqeq.

حقّة pl. حقق

PETITE boîte (hoqqa), en argent, de forme ronde, servant à mettre de l'huile de jasmin. Sur le couvercle, des palmes gravées. Se dit aussi, dans l'Est algérien et en Tunisie, d'une tabatière faite avec le sommet d'une corne de bœuf évidée, percée au bout, incrustée de filigrane d'argent et de corail. Ailleurs, le nom de la tabatière est *senidqa* « petite boîte ». A Alger, la boîte à bijoux porte aussi le nom de Hoqqa.

Hoqqat et-tenfïha.

حفة التنفيحة

TABATIÈRE en argent, en usage dans la campagne marocaine. Mot à mot : « boîte à priser ».

I

Iamâni.

يماني

La cornaline.

Iaqout.

يافوت

Du grec ὑάκινθος. Ce nom comprend les pierres rouges, jaunes, bleues, comme le saphir, la chrysolithe, la topaze, l'améthyste.

Iaqout ahmer.

يافوت احمر

Le rubis, caractérisé par son épithète ahmer, qui signifie « rouge ».

Iaqout azreq.

يافوت ازرق

C'est le saphir, comme l'indique l'épithète azreq « bleu ».

Ibriq, pl. Abariq.

اباريق .pl ابريق

AIGUIÈRE à long col, avec anse très recourbée, servant aux ablutions des mains pendant et après le repas. Il en vient beaucoup de Constantinople. L'Allemagne en

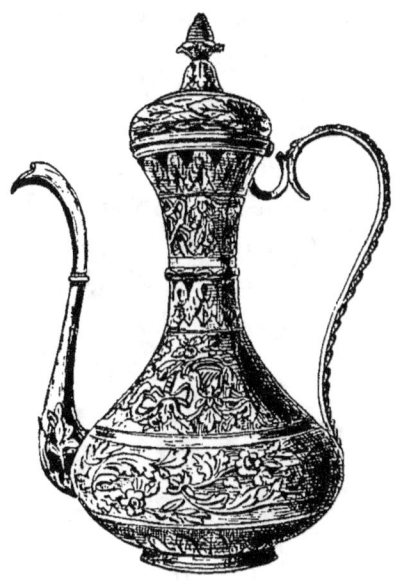

Ibriq.

fabrique aussi en argent et en importe en Algérie. Maintenant cet objet est le plus souvent en cuivre, mais avant la conquête, chez les familles riches, il était toujours en argent. Cet ustensile a dû être importé par les Turcs qui en font un usage constant. Il est indiqué dans la description du paradis dans le Coran.

Ibrîq el-qahoua.

ابريق القهوة

CAFETIÈRE en argent ou en cuivre pour le café ou pour le thé. Elle est de forme basse et son contenu est, au plus, de 6 à 8 tasses. Elle a une large panse, un bec très court pris sur le col et un couvercle en forme de dôme de mosquée. Le plus souvent elle est unie, mais il s'en trouve de repoussées et d'autres avec des inscriptions empruntées aux proverbes et aux sentences des musulmans. Ce modèle paraît être venu en Algérie par les Turcs. D'ordinaire, cet ustensile se nomme *boqradj* pl. *boqdredj,* au lieu du nom donné ci-dessus, qui signifie « broc à café ».

Iedd ed-dorbân.

يد الضربان

TALISMAN formé avec la patte gauche du porc-épic, séchée avec ses griffes, d'où son nom qui signifie « main de porc-épic ». C'est le talisman des femmes qui nourrissent ; il leur sert à se gratter le sein quand elles ont le charrah (crevasse). Cette patte est enchâssée dans un mince plané d'argent, tourné en cylindre, légèrement refoulé sur le devant et travaillé au repoussé. La partie supérieure n'est qu'une mince lame d'argent à laquelle est soudé un anneau de suspension.

Iedd ed-dorbân (Msila).

Iklil.

اكليل

Nom que porte le diadème dans la langue arabe.

Issaqilen ou Sadar.

اسافلن وصدر

Bijou de front spécial aux femmes du Riff. Il se compose de deux pièces de monnaie d'argent de 5 francs, 2 fr. 50 ou 2 francs soudées entre elles, séparées l'une de l'autre par deux petites branches de corail brut et reliées, cinq par cinq, par un cordon ou ruban passant derrière la tête.

K

Kabous, pl. Kouabis.

كوابيس .pl كابوس

PISTOLET. Sa crosse est ornée d'enroulements de rinceaux d'argent, sur des modèles Kabyles. Travail souvent fait à Sétif. Le mot kabous est le nom que les arabes

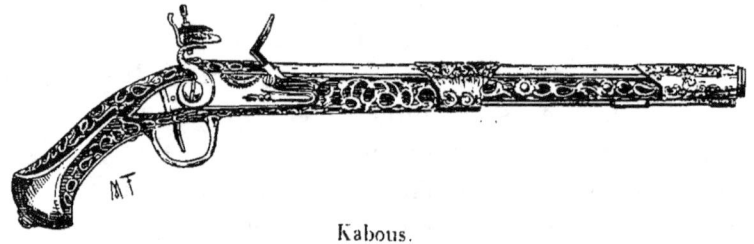

Kabous.

algériens donnent, en général, au pistolet. Les anciens pistolets à pierre étaient tous garnis en argent avec des incrustations de nacre, de corail ou de métal précieux.

Kadel.

كدل

PLAQUE de côté d'une bride, de dix centimètres de longueur, formée de deux pièces réunies par une soudure. A la plaque du dessus, arrondie par le sommet, planée, découpée à jour et ciselée

Kadel.

est jointe une autre plaque unie, recourbée, laissant un

espace pour passer et fixer le cuir. Cette seconde pièce a une queue trouée par le milieu, supportant le mors.

A Sétif, d'après le catalogue de la Garantie de cette ville, la plaque supérieure, fondue à jour et ciselée, au lieu d'être arrondie au sommet, se termine par un croissant. Elle est recouverte à sa base par une plaque rectangulaire.

Kanaouita.

فنويتة

A Tunis, petit coffret servant à renfermer des parfums, et recouvert de plaques en argent travaillées au repoussé. On donne aussi le nom de *Kanaouita* à une

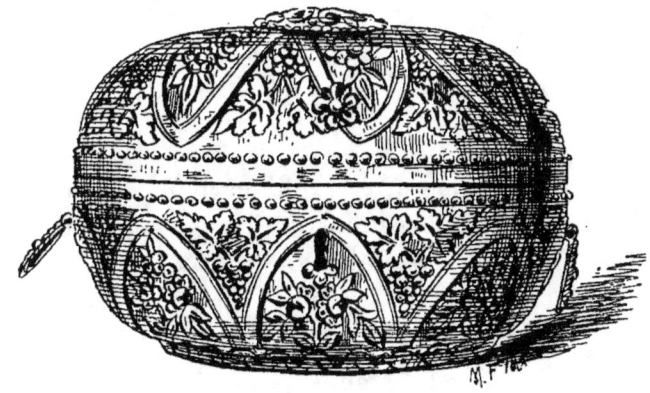

Kanaouita (Tunis).

grande bonbonnière en argent dont la forme et les ornements à fleurs sont de style turc.

Karabila.

فرابيلة

TROMBLON. Cette arme était souvent très ornementée d'argent. Son nom est une transcription fautive de l'espagnol « carabina ».

Kebâch.

GRANDES boucles d'oreille de Fez en or ou en argent avec pierres précieuses et médaillons en or. Les femmes des villes marocaines ne portent que des boucles d'oreille en or, tandis que celles des tribus ne mettent que des boucles d'oreille en argent. Le mot *kebâch* signifie « béliers ».

Kerkeba.

PETITES boules en or enfilées dans un fil ordinaire et que les mauresques de Tanger portent au cou. Le mot kerkeba signifie « boulette ».

Ketâb.

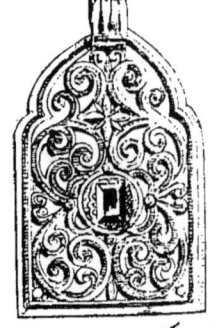

NOM donné, à Oran, à une sorte d'amulette. Plaque d'or ou d'argent avec des ornements travaillés au repoussé. Une pierre précieuse est fixée au centre. Ce bijou, dit-on, sert à conjurer le mauvais œil. Les femmes le portent à leur cou, suspendu par un fil dans lequel sont enfilés des clous de girofle. Il a la forme des plaques de marbre des tombes arabes. Les Juifs y gravent des inscriptions hébraïques, d'où son nom : « écrit, ou livre ».

Khalqa.

خلفة

Dé à coudre à Tunis. Il est parfois en argent.

Khamsa. pl. Khouamès ou Khamsât.

خمسة pl. خوامس et خمسات

Le mot qui signifie *cinq* s'emploie aussi pour désigner un bijou en forme de main ouverte. La khamsa est en or ou en argent, rarement en cuivre. C'est une simple plaque

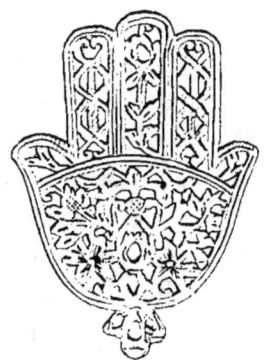
Khamsa (Modèle tunisien).

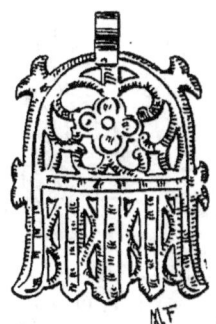
Khamsa (Tunisie).

découpée ou coulée, n'ayant d'ordinaire d'autres enjolivements que quelques traits gravés d'un art très primitif et, à la naissance du poignet, un anneau soudé qui permet de la suspendre. Parfois, cependant, elle porte des ornements; la paume est alors ajourée. La main est un fétiche destiné à préserver du mauvais sort qui peut être jeté en étendant la main avec la formule : « Khamsa

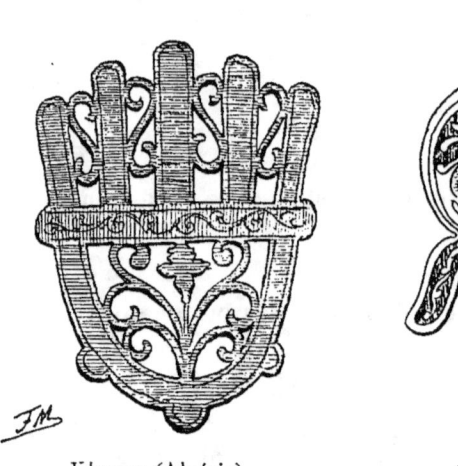
Khamsa (Algérie).

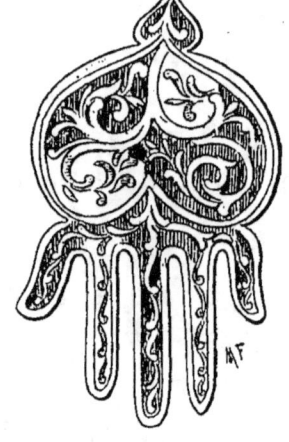
Khamsa (Maroc).

fiaïnek », « cinq dans ton œil ». Elle sert de porte-bonheur aux filles et aux garçons, et aussi d'ornements dans les colliers des Ouled Naïl. Les Arabes et les juifs croient se préserver des maux qui pourraient les atteindre en sculptant une main sur la façade de leur habitation ou en plaquant, sur le mur extérieur, l'empreinte d'une main trempée dans le sang d'un poulet fraîchement égorgé. Les orfèvres ambulants transforment souvent, sous les yeux des voyageurs, les pièces de monnaie de 2 francs et de 5 francs, en mains d'argent. Longtemps après la conquête de Grenade, les femmes et les jeunes filles d'origine mauresque

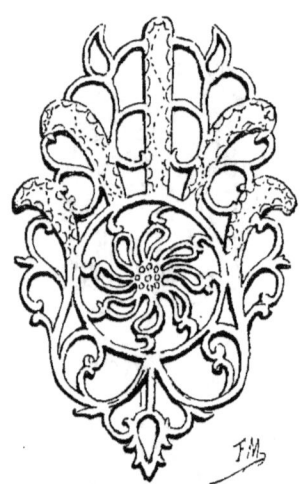
Khamsa (se portant sur la chechia).

portaient encore de petites mains d'or. A Tunis, la main à cinq doigts joints prend le nom de *merebbâ*.

Khanfousa, voy. Khenfoussa.

Khâtem.

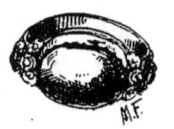
Brim.

LE Khâtem est une bague à chaton. On ajoute à ce mot *deheb,* quand la bague est en or; *fodda,* lorsqu'elle est en argent. Enfin, la bague prend le plus souvent le nom de *brim* si c'est un anneau sans chaton.

La bague jouait, autrefois, chez les Israélites, un grand rôle. Quand une jeune fille juive avait accepté ce bijou en présence de deux témoins, elle était irrévocablement fiancée au jeune homme qui lui en faisait don. Les parents ne pouvaient rompre cet engagement sans aller chez le rabbin, obligés qu'ils étaient par la loi et la religion. Aussi, certains jeunes gens en abusaient-ils. Quelquefois, pour dégager la jeune fille, coupable seulement d'imprudence, les parents donnaient au séducteur une certaine somme d'argent. En ce qui concerne spécialement les indigènes, la loi de Mahomet leur fait défense absolue de mettre des bijoux. Cependant ils ont parfois des bagues. Ils les retirent alors pour entrer dans une mosquée et y faire leurs ablutions. En suivant à la lettre les prescriptions du Coran, les musulmans ne devraient jamais porter de bagues d'or, mais seulement des bagues d'argent du poids de deux dirhems (environ

5 grammes) et sans ornementation, la reproduction de tout ce qui est animé, même des fleurs, étant interdite; mais il n'est tenu aucun compte de ce précepte.

Certaines bagues ont la boucle en or, le chaton composé d'étoiles enrichies de diamants avec monture en argent. D'autres, moins riches, ont, avec chaton de forme carrée, leur couronne formée de tresses obtenues par le passage de la bande d'argent plate dans un laminoir rayé, avant l'enroulement et la soudure.

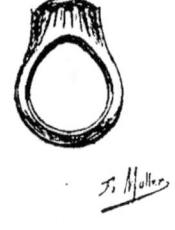

Khatem d'homme.

On voit, aussi, en Algérie la bague chevalière avec une cornaline plate. Sur le chaton est gravée une inscription. La cornaline est quelquefois remplacée par un os peint en rouge, faible imitation du corail. Sur le cercle très large se voient des palmes. A Cavaignac, un orfèvre fabrique des bagues que l'on retrouve sur tous les points de l'Algérie. Ces bagues sont en argent légèrement doré. Elles ont, comme chatons, des cornalines presque toujours avec une tache ressemblant à une taie sur l'œil. Le collier porte un rang de grènetis se terminant, de chaque côté, par un trèfle orné de perles. Ce modèle semble provenir de La Mecque.

Beaucoup de bagues ont une boule de corail montée en cabochon et sertie dans un chaton. Lorsque le corail est strié au lieu d'être uni, ce bijou vient, dit-on, de l'Égypte ou de la Syrie. D'autres bagues enfin sont ornées d'une agate brune sertie dans un chaton élevé de forme ronde et ayant l'apparence d'un turban orné d'un rang de perles et de tresses d'argent. Toutefois, si les hommes ne portent des bagues qu'à titre exceptionnel, juives et mauresques en surchargent leurs doigts.

Khâtem de Cavaignac.

Le mot Khâtem, signifiant « qui scelle »; indique que ces anneaux, à l'origine, servaient de cachets.

Khâtem ahed.

خاتم عهد

Mot à mot, « bague d'alliance ». Nom donné, à Tunis, à une bague de serment ou de promesse perpétuelle.

Khâtem bel-fenâr.

خاتم بالفنار

Bague à jours portée à Tlemcen et dont le nom signifie « bague à lanterne ».

Khâtem bel-hadjera.

خاتم بالحجرة

On appelle ainsi, à Fez, une bague enrichie de pierres précieuses (*hadjera*).

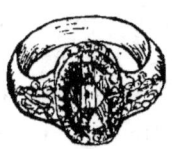

Khâtem bel-hadjera.

Khâtem bel-meïda.

خاتم بالمايدة

BAGUE en or ou en argent, surmontée d'une plaque carrée avec étoile et souvent avec inscription. Cette

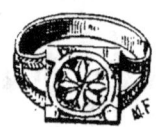

Khâtem bel-meïda.

bague est surtout portée dans la région de Guelma. C'est la plaque carrée qui a fait donner à ce bijou le nom de *bel-meïda*, « avec table ».

Khâtem bel-qaroura.

خاتم بالفارورة

BAGUE en argent, formée d'un anneau plat et large d'un demi-centimètre sur lequel est soudée une plaque ronde présentant, à sa partie médiane, une cavité (*qaroura*) qui sert à mettre du musc. A cette plaque sont adaptés cinq petits crochets qui relient des chaînettes dont l'une porte le couvercle de la boîte à musc et les autres de petites plaques en forme de Khamsa. On la trouve à Tlemcen. Elle doit être de création récente, car les femmes arabes hésitent à mettre à leurs doigts une bague augmentée, d'objets fragiles qui peuvent aisément s'accrocher.

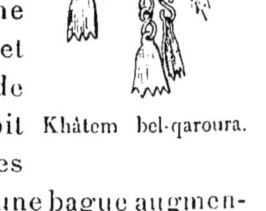

Khâtem bel-qaroura.

Khâtem djamous.

خاتم جاموس

C'EST la bague tournée en corne que portent les gens pauvres, ainsi que l'indique le mot *djamous,* qui signifie « buffle ».

Khâtem dour.

خاتم دور

SIMPLE anneau (*dour*), en argent ou en or sans chaton. Cet anneau est porté à Fez.

Khâtem el-demm.

خاتم الدم

A Alger, on appelle ainsi une bague surmontée d'une agate rouge, qui, dit-on, purifie le sang (*demm*). Elle est portée comme remède.

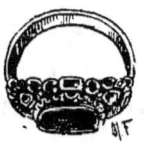

Khâtem el-badiya.

خاتم البادية

NOM, à Tlemcen, d'une bague en argent. Au lieu d'une pierre, elle a une petite boîte à couvercle légèrement bombée et destinée à contenir de l'odeur, musc ou ambre. Son appellation de « bague de la campagne » semble indiquer qu'elle n'est pas portée par la citadine.

Khâtem el-euchch.

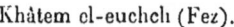

A Tlemcen, bague surmontée d'une espèce de nid d'oiseau (*euchch*), dans lequel il y a des grains d'argent ou de petites pierres précieuses.

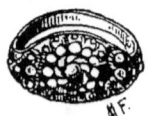   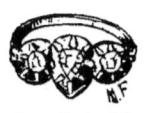

Khâtem el-euchch (Fez).   Khâtem el-euchch (Tunis).

Ce bijou existe également avec le même nom à Fez et le chaton qui simule un nid est également rempli de petites perles ou de petits joyaux. A Tunis, il se compose de trois chatons avec des roses à l'intérieur et autour.

Khâtem khousa.

ANNEAU de Tunis avec cinq brillants.

Khâtem louïz.

BAGUE de Tlemcen en or gravé, du poids de 4 grammes. Le mot *louïz* est la transcription du mot français « louis », pièce d'or.

Khâtem matri.

خاتم ماطري

Bague de Mateur (Tunisie). Grande, avec chaton et pierre sertie au centre.

Khâtem saad.

خاتم سعد

Sorte d'alliance avec deux mains croisées qui se fabrique à Tunis.

Khâtem slimani.

خاتم سليماني

Bague d'or ou d'argent surmontée de la pierre de sang; en usage à Constantine. Son nom signifie « anneau salomonien. »

Khâtem tseria.

خاتم ثرية

A Tunis, bague triangulaire portant 6 ou 10 chatons avec diamants. Le nom signifie « bague des Pléiades » ou « bague du lustre ».

Khâtem zâkïr.

خاتم زاكير

Bague de Tunis ayant cinq ou sept anneaux.

Kheddia.

خدّية

OEILLÈRE de la bride du cheval ; vient du mot *khedd* « joue ».

Kheït.

خيط

TERME générique pour désigner le collier qui se porte plutôt sur le front qu'autour du cou. Il y en a de tous genres : en or, en argent et en ambre. Certains mêmes ne se composent que d'un simple assemblage de graines ou de fleurs. Cependant, les colliers à nombreux rangs de perles fines ou baroques s'accrochent toujours autour du cou. Les plus estimés sont disposés en festons et en guirlandes. Certaines femmes riches mettent souvent des colliers d'un prix supérieur à mille francs. A Fez, le Kheït se compose de fils d'or avec pierres précieuses et perles, et se pose sur la tête.

Kheït Echchaïr et Kheit el hout.

خيط الحوت خيط شعير

MOT à mot : collier grains d'orge ou collier à poissons. C'est une sorte d'açaba qui se porte en bandeau irradiant, de préférence sur le front, au-dessous de l'açaba. Les pendeloques tombent alors jusqu'aux sourcils. Ce bijou est composé d'une pièce centrale cintrée au sommet ou à la base, décorée de filigrane ou quelquefois de pierres fines et d'émaux. Des trous latéraux de cette plaquette part, de chaque côté, une double rangée de cordonnets qui servent à enfiler une suite de 12 ou 24 grains d'orge ou de petits poissons creux. Ils sont formés par des coquilles estampées et soudées en ronde bosse sur un revers plat. Des anneaux de suspension sont également soudés à la tête et à la queue de chaque poisson.

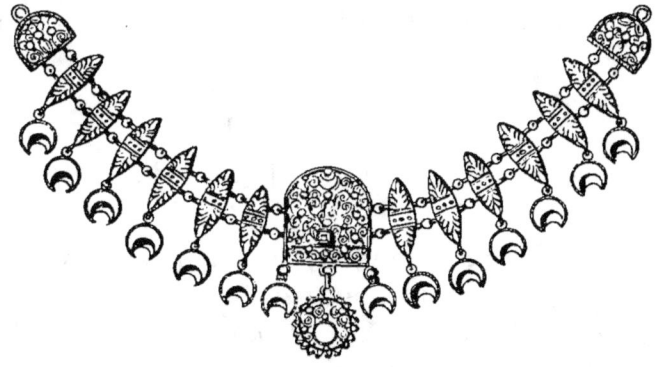

Kheït ech-chaïr.

Comme breloques, des tonnelets cylindriques, des croissants, des mains à trois doigts dont le jeu libre produit un bruit métallique qui charme les Arabes. Aussi retrouve-t-on cette disposition dans un grand nombre de bijoux

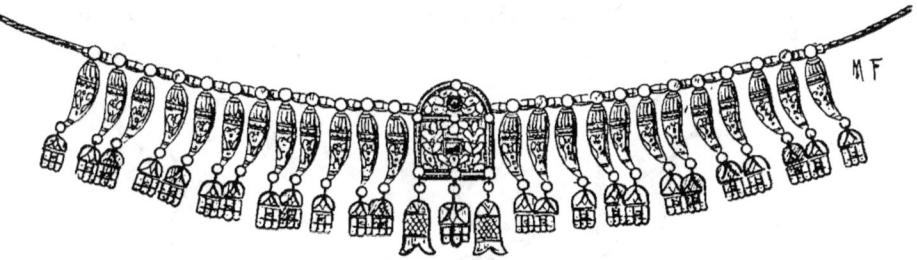

Kheït el hout (collier dit de poissons).

formés de sequins et de pampilles de toutes sortes. C'est le *tintinnabulum* des Romains.

Ce collier est quelquefois cousu sur un ruban de soie que l'on fixe, au moyen d'un nœud, soit derrière la tête, soit derrière le cou. Certains bijoutiers d'Alger croient que ce modèle est venu d'Aflou, près de Géryville. Il serait alors d'origine marocaine. D'autres affirment que c'est un modèle tunisien. Quoi qu'il en soit, ce collier, d'un modèle élégant, se rencontre aujourd'hui dans toute l'Algérie. On retrouve, provenant des anciens Egyptiens, des colliers où des poissons servent de pampilles. Un bijou de même forme que le Kheït ech-chaïr se porte encore au Caire.

Kheït bassit.

خيط بسيط

On appelle ainsi, à Alger, le collier composé de pièces européennes en argent percées sur le bord et enfilées, au nombre de 30 à 40. Le mot *bassit* paraît être l'altération du mot espagnol *peseta*.

Kheït el-louïz.

خيط اللويز

Collier à un ou plusieurs rangs (*louïz* du mot français *louis*) servant de réclame aux Ouled Naïl et indiquant

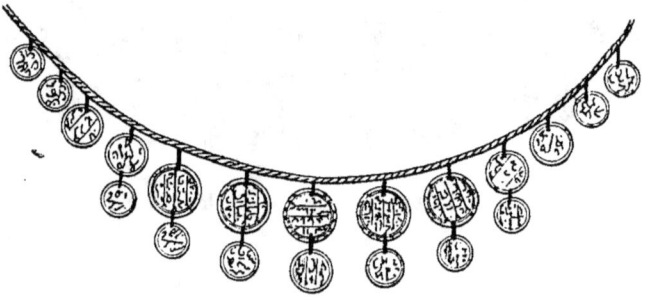

Kheït el-louïz.

le prix de leurs charmes. A chaque pièce est soudé un anneau en cuivre où passent, dans des fils de soie, les rangées de perles qui forment le collier. Quelquefois, les pièces sont retenues les unes aux autres par des crochets.

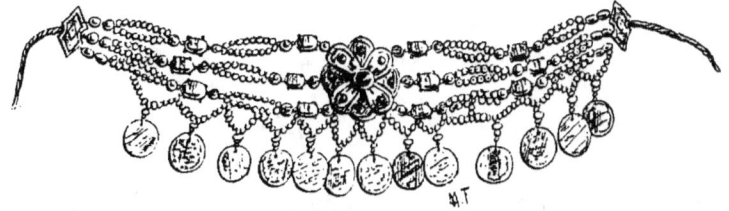

Kheït el-louïs.

Les plus beaux colliers sont composés de louis à l'effigie de Louis-Philippe Ier, de pièces d'or de cent francs de Napoléon III ou de la République et aussi de pièces de 25 francs d'Alphonse XII.

Kheït er-rouh.

خيط الروح

COLLIER genre ferronnière, formé par des rosettes. Certains Kheït errouh étaient jadis un assemblage de diamants formant des rosaces de rubis, d'émeraudes

Kheit er-rouh (Alger).

sertis dans des opercules d'argent. On le fabrique maintenant en or. A Alger, il se porte beaucoup au travers du front, au-dessous de l'açâba. Ce bijou est celui que préfèrent les mauresques d'Alger. Les danseuses en mettent plusieurs superposés quand elles paraissent dans les fêtes publiques (voir Medibah). — A Tlemcen, ce collier est d'ordinaire en pierres fines.

Khelâl bes-selsela.

خلال بالسلسلة

C'EST, à Moqnine, un pendant de poitrine en or pour attacher le costume; il est composé d'une bzima, d'une chaîne et d'un plané d'or avec ornements. Le nom signifie « épingle avec chaîne ».

Khelâla, pl. Khelalât.

خلالات pl. خلالة

TIGE, aiguille, broche ou épinglette d'argent ou d'or. Cette agrafe, en très gros fil rond plein, est le plus souvent courbée en demi-cerceau, puis tordue ou striée. Un ardillon, fixé au bout d'un coulant mobile, traverse la circonférence. Aux deux extrémités, des boules ou des cubes. C'est une sorte de bzima; mais les femmes ne mettent les bzaîm qu'au-dessus des seins, tandis que la khelâla sert à accrocher une partie quelconque du vêtement. Se porte surtout dans le Sud, à partir de Boghari. On la rencontre aussi à Touggourt.

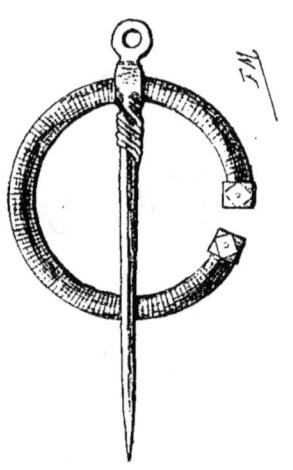

Khelâla (Boghari).

Dans le département de Constantine, cette épingle-broche est un peu différente. Elle est en argent et fondue d'une seule pièce. Sa tige se renforce à l'endroit de l'anneau. Le corps principal, rond et massif, porte, de chaque côté ainsi qu'au centre, un carreau au sommet ornementé. Sur la surface, quelques gros points saillants.

La khelàla est quelquefois aussi un plané rond sur lequel se trouve gravée une rosace et, au centre, enchâssé, un cabochon de corail. D'autres fois, ce bijou, en plané également, a la forme de carrés gravés, inscrits les uns dans les autres, avec des ornements en panache et sur les côtés. Ces modèles paraissent anciens, d'après les spécimens trouvés.

A Tanger, la Khelàla est un bijou en argent, fixé sur la poitrine par les Nomades et les Rifains pour servir de broche et soutenir le haïk. Les femmes de la ville en ont en or. Elle est assez grossièrement fondue, ayant la forme

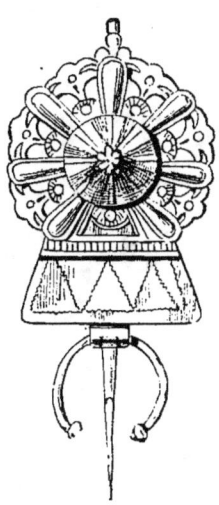

(Khelâla (Tanger).

d'un arc mauresque, plein ou ajouré, avec des larmes de corail en relief et, à sa base, un trapèze orné de chevrons. Les deux Khelâlat sont reliées par une chaîne à laquelle s'attachent, de chaque côté, des pendeloques (El aqarech?). Au milieu de la chaîne pend une boîte carrée, reliquaire ou fétiche, avec une garniture de pièces de monnaie.

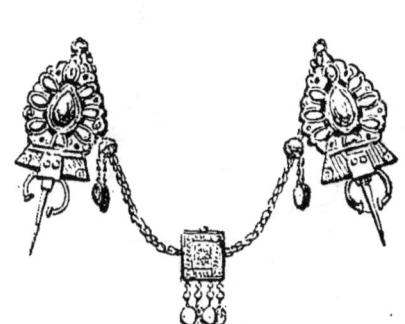

Khelâlat (Tanger).

A Fez, la khelàla est une agrafe en argent pour les

femmes de condition ordinaire et aussi pour celles de la campagne. La chaîne de réunion est également en argent.

Khella.

Boucle en argent pour attacher le costume. Grand cerceau en torsade traversé par une forte et longue

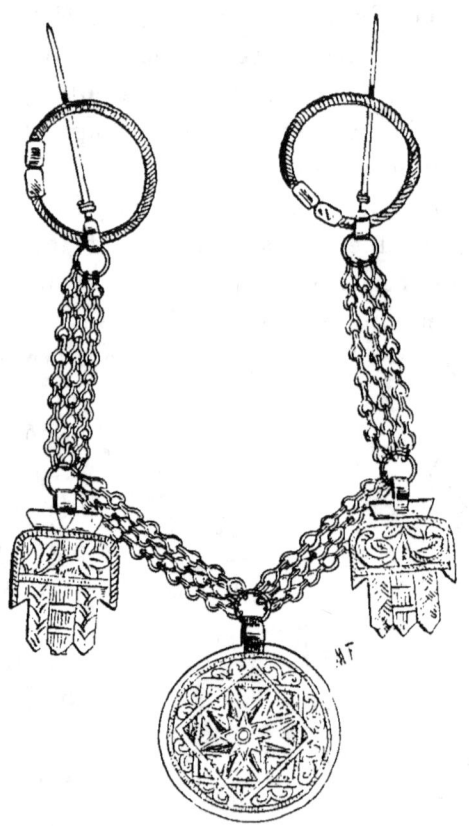

Khella (avec Shelsela khamsa et tseria).

tige. Cette épingle-broche est coulée au moule et tordue ensuite. Aux extrémités, deux héxaèdres réguliers. On appelle également khella un ensemble composé de deux khella auxquelles s'accrochent des chaines où pendent deux Khamsa et une tseria, polygone étoilé, régulier, à six pointes inscrites dans une circonférence. Fabrication tunisienne pour les indigènes du Sud.

Khella bech-chedda.

حلة بالشدة

Plaque perforée en forme de disque et garnie d'une agrafe. Bech-chedda veut dire « avec fermeture ».

Khelkhâl.

خلخال

Anneau de pied massif, en or ou en argent, improprement appelé bracelet de pied. On en fabrique beaucoup à Alger. Les femmes le portent, comme ornement, au bas des jambes, à la cheville et retombant sur le cou-de-pied. Sa fabrication est souvent très simple. Il suffit de planer au laminoir une feuille

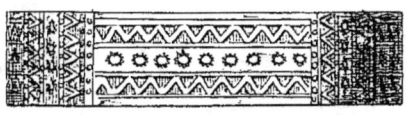

Khelkhâl (Petite Kabylie).

d'argent et de lui donner l'épaisseur voulue. On la coupe ensuite à la dimension nécessaire, puis on y soude une bordure de forme triangulaire. On ajoute un câble, on pose des appliques perpendiculaires à la bordure, puis, avec un outil très primitif, on grave ou l'on incruste sur le corps du bijou des quadrillés, des chevrons, des demi-cercles, des couronnes, des fleurons. L'argent de ces bijoux est à 800 millièmes. Certains khelkhâl sont rivés au pied, d'autres ne sont pas fermés. Pour mettre ces derniers, il faut écarter les deux extrémités de l'arc et les présenter du côté où la cheville est le moins large.

Le khelkhâl affecte des formes très variées. A Sétif, on en façonne de très massifs avec des lignes comme ornements. Aux extrémités, deux têtes de serpents incréés qui semblent se mordre.

Il est quelquefois fabriqué à Alger, pour le Sud, au moyen d'un lingot d'un centimètre d'épaisseur, tourné en fer à cheval et forgé au marteau. On y met des empreintes grossières sur les trois faces extérieures et on termine les deux extrémités par deux cubes à facettes. A Bougie, le khelkhâl est décoré au matoir. A Djerba, l'anneau est très gros au milieu, puis mince et aplati aux extrémités. A Tanger, les khelkhâl en argent sont ornés et ajourés ; ils ont une chaîne pour la fermeture.

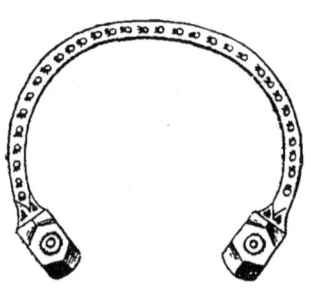

Khelkhâl ras hanech du Sud (Bougie).

— Cet ornement de pied remonte aux temps les plus reculés. Celui des Gaulois était plein, non fermé. Les danseuses grecques portaient toutes ce bijou au-dessus de la cheville. Avant 1830, les juives s'en paraient pour se rendre au bain ou à une noce. En Egypte, les almées en mettent plusieurs et s'en servent pour remplacer les castagnettes et accentuer le rythme de la danse. Quelques khelkhâl portent le nom français de *forçats* qui indique qu'ils serrent étroitement. Ils ont, du reste, des noms divers suivant les localités et d'après leur matière ou leur genre de fabrication. A Tripoli, sous la dynastie des Qaramanli, les khelkhâl d'or étaient le privilège des princesses du sang.

Khelkhâl bel-felia.

خلخال بالهلية

On appelle ainsi, à Fez, les anneaux de pied en argent avec dorure et autres dessins de différentes compositions coloriées. Ces anneaux, qui s'ouvrent, viennent de France.

Khelkhâl bennouti.

خلخال بنوتي

C'est, à Tunis, le nom d'un petit anneau de pied pour les fillettes. Elles en portent deux à chaque cheville.

Khelkhâl bes-selsela.

خلخال بالسلسلة

A Fez, c'est un anneau de jambe en or ou en argent composé de deux parties réunies par une charnière. Sa fermeture est la même que celle des *nebaïl*.

Khelkhâl debbâh.

خلخال ذباح

Bijou tunisien carré ou rond, creux et à hochets, qui se porte à la cheville du pied et la serre étroitement, comme pour l'étrangler.

Khelkhâl fâregh.

خلخال فارغ

LE mot fâregh signifie « vide » et s'applique parfois, en Tunisie, à l'anneau de pied creux.

Khelkhâl menfouhk.

خلخال منفوخ

ANNEAU de pied, formé d'un tube creux, d'où son nom de menfoukh « enflé ». Il se fait en or ou en argent doré. Comme ornements, des diagonales alternant avec des fleurs repoussées au marteau. A l'extrémité du cylindre creux, deux grosses boules creuses ressemblent à un turban dans le genre de ceux qui terminent les stèles dans les cimetières turcs. Avant la soudure, on met dans le tube de la grenaille dont on entend le bruit quand la femme marche. Ce type, qui se portait beaucoup autrefois, disparait peu à peu, car il se bosselle trop par les chocs. Il a cessé de plaire. Jadis, on mettait de bonne heure de gros khelkhâl menfoukh aux enfants. Il était aisé de faire passer la jambe grêle de la fillette par l'espace étroit que les deux extrémités de l'anneau laissaient libres. Mais l'ouverture du khelkhâl devenait, peu à peu, trop petite

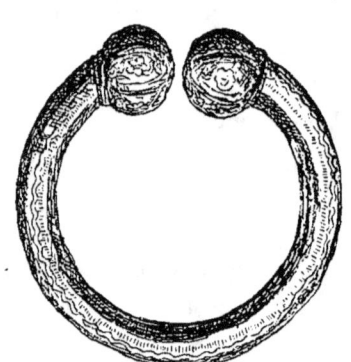

Khelkhâl menfoukh.

pour permettre de retirer le bijou. Il finissait par serrer tellement qu'il fallait le briser pour le sortir.

Khelkhâl menfoukh de Tunis.

خلخال منفوخ

Comme son épithète l'indique, *menfoukh* signifiant « gonflé », cet anneau de pied de Tunis est creux. Il affecte la forme d'un étrier.

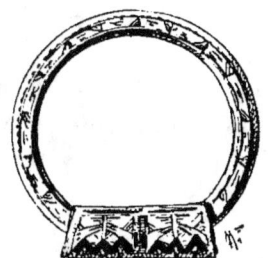

Khelkhâl menfoukh de Tunis.

Khelkhâl metlouq.

خلخال مطلوق

A Fez, c'est le nom d'un anneau de pied non fermé et sans chaîne. *Metlouq* signifie « lâché, en liberté, non attaché ».

Khelkhâl ras el-djouza.

خلخال راس الجوزة

Cet anneau de pied, à Fez, est en argent massif non fermé ; les extrémités (*ras*) ont la forme d'une noix (*djouza*), d'où le surnom qui lui est donné.

Khelkhâl ras foum-el-houta.

خلخال راس فم الحوتة

LE khelkhâl ne diffère du précédent que par la forme des extrémités, qui est celle d'une « bouche de poisson » *foum el-houta*.

Khelkhâl sebiâni.

خلخال صبياني

PETIT anneau de pied porté, à Tunis, par les garçons (*sebiân*); ils en ont trois au pied droit et deux au pied gauche.

Khelkhâl somm.

خلخال اصم

L'ÉPITHÈTE *somm*, qui veut dire « sourd », indique que cet anneau est massif. A Tunis, c'est le nom d'un anneau de pied en or.

Khelqa.
Voy. Khalqa.

Khenâg, pl. Khenaïg.

خناق pl. خنايق

A Tunis, bracelet de perles ou de corail. Lorsqu'il a plusieurs rangées, on l'appelle *chebika*. A Fez, c'est un collier composé de grains d'ambre et de pierres pré-

cieuses. Dans la campagne marocaine, ce nom s'applique
également à un collier,
quelquefois en or, avec
de larges maillons apla-
tis et des pendeloques
ovoïdes ou ayant la
silhouette indécise
d'une tortue (Voir le dessin ci-joint). Le mot *Khenâg*
signifie « carcan », ce qui serre le cou.

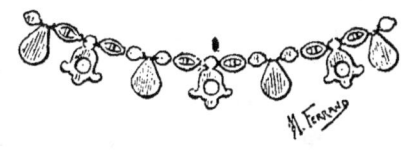

Khenâg mahboub.

خناق محبوب

COLLIER composé de mahboub, vieux sequins de Tripoli, alignés sur un cordon. C'est la cherka d'Algérie.

Khenfoussa, pl. Khenâfès.

خنافس pl. خنفوسة

PLAQUE de corsage, ayant vaguement la forme d'un scarabée (khenfoussa). Ce bijou se compose d'une plaque
de fond très mince sur laquelle sont soudées trois demi-
boules en filigrane, placées en triangle et tangentes l'une
à l'autre. Au sommet de la plus grosse boule, la plaque de
fond est retournée en charnière pour recevoir un fil de suspension. Des ornements en filigrane sont soudés dans les
champs situés entre les trois boules. On donne parfois à
la khenfoussa une forme ronde ou dentelée comme une
étoile. C'est alors une véritable variété du *médouar*. Dans
certaines contrées orientales, on portait, au XVIIe siècle,
sous le nom de *Tchaprass*, des agrafes de ceinture en vermeil
à peu près semblables aux khenfoussa, mais plus riches

d'ornementation. — A Tlemcen, ce nom de khenfoussa est donné à une plaque de ceinture. — A Djerba, c'est un médaillon plat, rond et ajouré portant, inscrit dans un cercle, un scarabée grossièrement exécuté et suspendu par une chaîne en jaseron. Ce dernier modèle parait très moderne et date, sans doute, de l'Exposition de 1900.

Kheyyâli.

خيالي

A Tunis, suite, pour ainsi dire vertébrée, de chatons avec diamants formant collier.

Khiter.

Nom hébreu du tàdj, large et haute couronne semblable à un cache-pot s'évasant au sommet. Elle sert aux exercices du culte dans les synagogues et se pose, près du rabbin, sur le rouleau de parchemin où la loi de Moïse est écrite. C'est un dodécagone obtenu au moyen de plaques dont la dernière seule est coupée en deux par le milieu, du haut en bas. Tous les compartiments sont retenus entre eux par des charnières à goupille mobile dissimulées derrière une petite colonne torse.

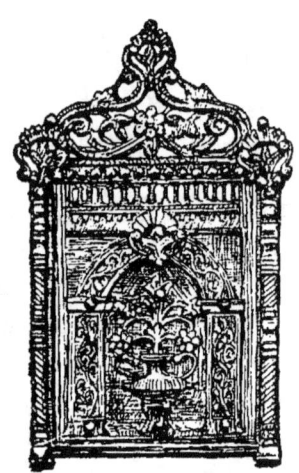

Khiter (une des plaques).

Chacune des douze pièces est faite d'un plané d'argent, avec, au sommet, un fronton parfois dentelé et orné de corail. Des balustres ou des pilastres bordent les deux côtés. La surface est ornée d'écussons, de palmes, de vases à fleurs, de branches, de rinceaux et de quadrillés, travail repoussé qui rappelle plutôt l'art européen que l'art oriental. Des lames rivées au bord de la plaque servent d'encadrement. Tout autour du dodécagone, des inscriptions hébraïques rappellent les noms des donateurs et de l'orfèvre qui a exécuté l'ouvrage, ainsi que sa destination. Ainsi, par exemple, la légende : « Pour orner le livre de Moïse ».

Khodmi.

خدمي

Couteau à lame fixe, souvent orné d'argent.

Kholla.

خلّة

Sur cette sorte de broche ou de grosse épingle pour fixer la melhafa, voir : *khella*.

Khomâsen.

خماسن

A Djerba, c'est une Khamsa ajourée avec les cinq doigts séparés. On la pend au bout des cheveux pour préserver du mauvais œil. Nom arabe de la Khamsa berbérisé.

Khorsa, pl. Kheres ou kheraïs.

خرصة .pl خرص et خرايص

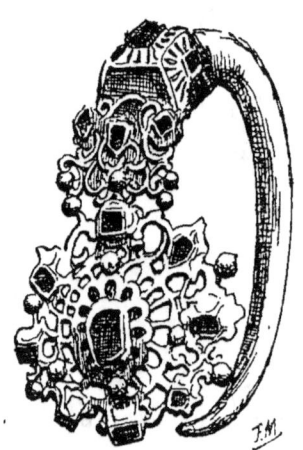

Khorsa sans le crochet de soutien (Tanger).

Terme générique des boucles ou des pendants d'oreilles. Il y en a qui pèsent souvent une livre. Elles prennent des épithètes diverses, suivant leurs contours très variés. Le modèle le plus fréquent est un fil d'argent arrondi, recourbé en circonférence, uni dans sa plus grande partie, recouvert à l'une de ses extrémités d'un fil roulé en spirale et portant, à l'autre extrémité, un dé orné en saillie de clous mauresques sur quatre de ses faces. Ce modèle se retrouve dans les bijoux carlovingiens.

A Biskra, ce bijou est formé d'un gros fil courbé en trois quarts de circonférence. Chaque extrémité est aplatie en une spatule trouée pour laisser passer un fil. La Khorsa porte, soudé à la partie inférieure externe, un ornement hémisphérique en filigrane (*habba*), fixé sur une plaque d'or et qui rappelle les boutons espagnols et italiens.

A Constantine, l'ornementation comprend, sur la boucle, des cubes d'or à pans coupés. Les femmes indigènes portent plusieurs khorsa ensemble et aiment, dans le Sud-Algérien, à y ajouter, d'une extrémité à l'autre, un fil sur lequel glissent un morceau de corail et des pierres précieuses baroques. — Les Sahariens se servent du mot khorsa pour désigner l'anneau passé au nez des nègres.

A Tanger, ces boucles d'oreilles sont portées par les jeunes mariées, mais quelquefois aussi par les jeunes femmes en costume de gala ou le jour de la célébration de leur mariage. Elles comprennent trois parties ou girandoles superposées : — celle du haut, arrondie en demi-cercle, ajourée, porte au centre un chaton rectangulaire et laisse retomber des pendeloques ; — celle du milieu, ajourée également, a la forme d'un croissant, des pendeloques y sont aussi accrochées, — celle du bas, ronde, avec une pierre précieuse incrustée au milieu, se relie par des rangs de perles à une monture carrée couverte d'ornements.

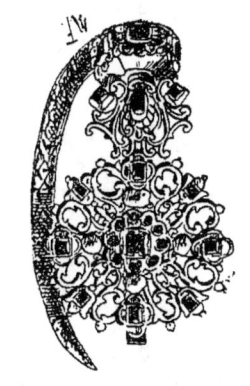

Khorsa sans le crochet de soutien (Tanger).

La Khorsa de Tanger se suspend près de l'oreille ; la dimension de son anneau creux, qui a souvent près de quatre centimètres de diamètre, ne permettant pas de l'accrocher dans l'oreille même. On trouve souvent ce bijou incomplet.

A Tlemcen, ces pendants d'oreille sont surtout portés par les femmes arabes vivant sous la tente. Ils sont formés d'un gros fil recourbé et terminé, à sa partie inférieure, par un losange percé et surmonté, à l'autre extrémité, d'une demi-boule en filigrane.

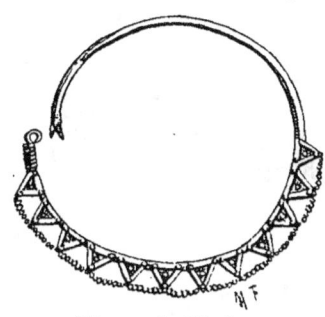

Khorsa de Djerba.

A Djerba, la khorsa est en argent doré. Elle se compose d'une circonférence formée d'un fil d'or rond dont la moitié est doublée par une demi-circonférence excentrique de perles et de coraux séparés par des pointillons d'or formant une bande dans laquelle sont disposés des triangles en dents de scie. L'une des extrémités du cercle se roule en anneau et l'autre se retourne en crochet. Ce bijou rappelle la mecherfa.

A Tripoli, la Khorsa s'appelle plutôt *dendena* (voir ce mot).

Khorsa 'arqeb.

خرصة عرقب

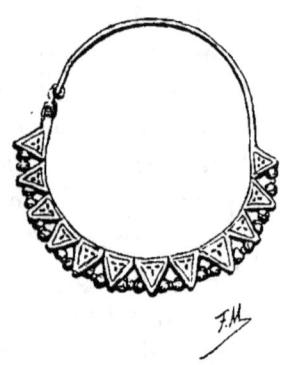

Khorsa de Djerba.

A Tlemcen, on désigne ainsi les boucles d'oreille avec monnaies pendantes.

Khorsa bech-chebka.

خرصة بالشبكة

A Tunis, boucle d'oreille percée, formée d'un demi-cercle et d'un fil contourné en demi-circonférence. La partie pleine est ornée de petits disques, entourés de filigrane roulé en spirale. Souvent elle est ajourée et fabriquée seulement avec des filigranes.

Khorsa bel-foss.

خرصة بالفصّ

Portée à Tlemcen, cette boucle « à chaton » (*bel-foss*) ressemble à la « Khorsa nab el-djemel », ayant toutefois, à sa partie inférieure, la forme d'une pelle de boulanger. Elle est percée de quatre trous à l'extrémité et au milieu.

Khorsa bel qouba.

Boucle d'oreille non percée, avec capuchon (*qouba*). Elle est ornée de boules de corail taillées à facettes, de dés d'or enfilés dans le cercle qui se termine par un bouton.

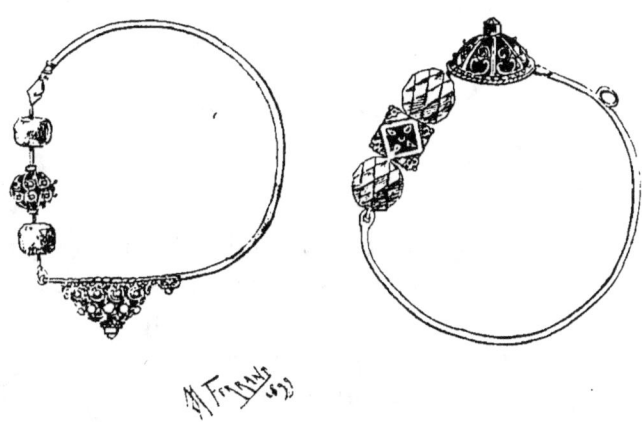

Khorsa bel qouba en or (Biskra). Khorsa bel qouba (Biskra).

Sur l'arc est soudé un petit anneau de suspension. — Bijou des Ouled Naïl de Biskra.

Khorsa bet-taamîr.

خرصة بالتعمير

Crochet d'oreille, orné de pierres, et de perles dont l'épithète signifie « avec garniture ». Il est porté à Constantine.

Khorsa bou-khechem.

خرصة ابو خشم

CROCHET d'oreille de Constantine, ressemblant, sauf les perles et les pierres précieuses, au bijou d'Alger qui porte le même nom. Il se compose d'un fil d'or recourbé, aplati d'un côté et soudé de l'autre à un ornement d'or évasé assez simple, *bou khechem* signifie « qui a une protubérance, un nez ».

Khorsa bou-rouh.

خرصة ابو روح

CROCHET d'oreille de Constantine à un seul bras. Il est moulé en rond et se suspend comme la *Khorsa meslouta*. La partie visible au dehors de la coiffure, élargie en forme de losange, est ornée de reliefs gravés. Les extrémités se réunissent par un fil d'attache.

Khorsa bou-rouhaïn.

خرصة ابو روحين

CROCHET d'oreille de Constantine à deux bras. Il ne diffère de la Khorsa bou-rouh que par sa fourche gravée ou ciselée et maintenue par deux brides. On en relie aussi les extrémités par un fil garni de pierres communes. Parfois, on soude sur le cercle un anneau pour rattacher cette parure à celle du front.

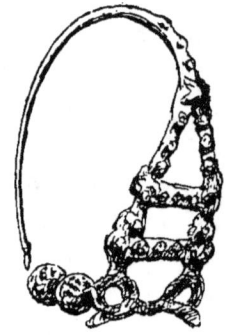

Khorsa bou-rouhaïn.

Khorsa chebka.

خرصة شبكة

DIADÈME et pendants d'oreilles. La partie qui constitue ce diadème frontal se rapproche très sensiblement du *anddj*. Les pièces, autres que le triple rang de jaserons et les mains, sont coulées. A ce diadème sont suspendues des boucles d'oreilles faites d'un gros fil d'argent dont une partie, aplatie au marteau, est destinée à recevoir une applique formée d'ornements hémisphériques moulés. Un arceau soudé, attaché à l'applique, sert de suspension. Les extrémités du fil d'argent, l'une aplatie et percée, l'autre garnie de trois anneaux plats superposés, sont reliées et ornées de morceaux de corail et de doubles jaserons terminés par du corail et des mains. Ce bijou est porté par les femmes de Batna. Le mot *chebka* signifie « filet », ou « toute chose à mailles ».

Khorsa mecherfa.

خرصة مشرفة

DANS l'Aurès, la mecherfa, le plus souvent en argent, est passée dans la partie supérieure de l'oreille qui est percée à cet effet et se rabat, sous le poids, sur le lobe inférieur. Il existe de nombreux modèles de mecherfa dans la région de Constantine :

1º Ce pendant d'oreille est coulé d'une pièce. On soude à un fil d'or ou d'argent cinq petits anneaux dentelés qui tiennent quelquefois suspendues cinq petites mains en argent.

2º Les deux extrémités du cercle sont reliées et maintenues par un mince fil portant des boules de corail ou des hassek en or, sortes de boutons ronds en filigrane. Quelquefois, ces boules sont enfilées à même le cordon d'or de la èipce. Cette Khorsa mecherfa ressemble alors beaucoup au meqfoul d'Alger et ne paraît pas justifier son nom de « crênelée».

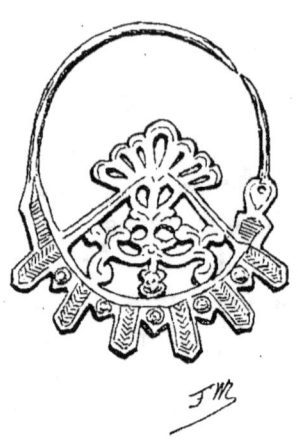

Mecherfa.

3° Au fil d'argent recourbé et aplati aux deux bouts se soude le corps principal entièrement moulé, ayant la forme d'un demi-cercle terminé d'un côté en dents d'engrenage. Il est, en outre, orné à l'intérieur d'un angle terminé en panache.

4° Le modèle généralement adopté par les femmes de l'Aurès se compose d'un gros fil d'argent semi-circulaire, aplati et percé à une extrémité. A l'autre extrémité est soudée une deuxième partie, également semi-circulaire, qui est montée à jour et porte des dentelures (*mecherfa*), intérieures et des lames extérieures. A ces dernières sont quelquefois suspendus, par des jaserons, des morceaux de corail et de petites mains formées de minces lames d'argent découpées au ciseau.

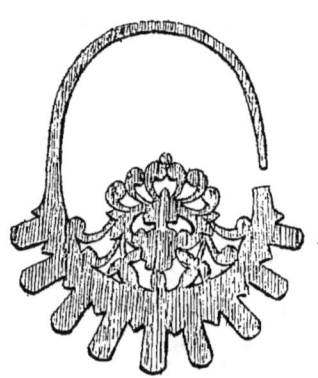

Mecherfa de l'Aurès.

5° A Sétif, l'ornementation, au lieu d'être dentelée, se termine par treize petites boules en argent.

La mecherfa paraît inspirée d'un bijou retrouvé à Grenade, appelé *arracados,* formé d'un cercle auquel se fixait une plaque d'or sur laquelle étaient gravés des caractères arabes, le baron Charles Davillier en parle dans ses recherches sur l'orfèvrerie en Espagne. Cette plaque gravée avait la forme d'un cœur hérissé de pointes carrées et entourée d'une bordure de petits grains. Ces longues et pesantes *arracados* étaient ornées d'émeraudes ; elles sont restées longtemps populaires en Espagne. Il n'y a pas une vingtaine d'années on les retrouvait dans les boutiques

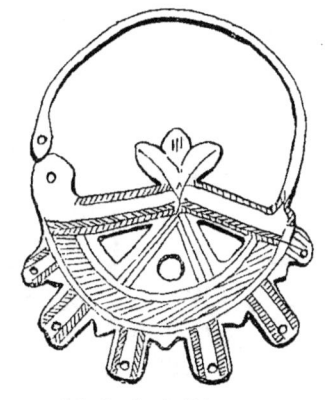

Mecherfa de l'Aurès.

des orfèvres de la Plateria à Barcelone. Aujourd'hui encore à Cordoue et à Malaga, on fait ce bijou en filigrane suivant les anciennes traditions (Voir aussi l'art. Mecherfa).

Khorsa meslouta.

خرصة مسلوتة

CROCHET d'oreille uni — d'où son nom *meslouta* — et demi circulaire. Cet arc de cercle, courbé à la demande, se suspend par le centre aux crochets de la parure frontale située au-dessus des oreilles. La partie qui sort de la coiffure est quelquefois en spirale, allongée ou cannelée en pas de vis. Souvent un fil attaché au-dessus d'une des extrémités, aplatie au marteau, la relie à l'autre percée d'un trou par lequel ce fil passe et se noue après avoir été au préalable garni de

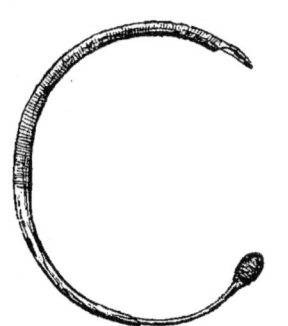

Khorsa meslouta.

8

perles de corail, des hassek ou des pierres communes. Fabriqué à Constantine, on prétend que la Khorsa mesloula se porte quelquefois en bracelet.

Khorsa nab tounès.

خرصة ناب تونس

Pendants d'oreille formés d'un gros fil recourbé, aplati et troué à son extrémité supérieure. La partie supérieure est un plané d'or quelquefois émaillé dessus et

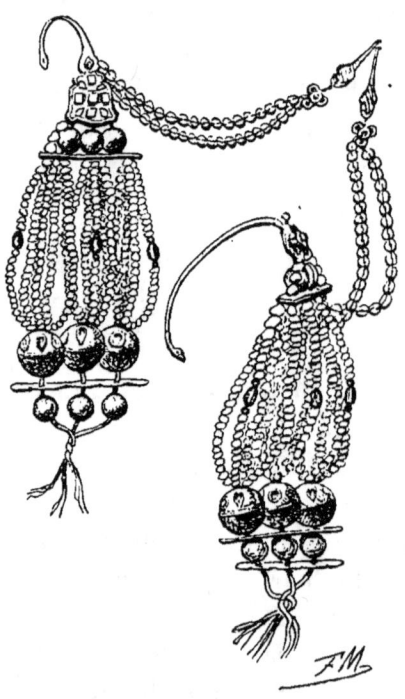

dessous et sur lequel sont enchâssées des pierres précieuses. Elle reçoit en outre trois anneaux destinés à supporter les accessoires tels que barrettes, écheveaux de perles, boules creuses en or et pièces de monnaie. Des cabochons y sont appliqués. Le nom de cette parure de Tlemcen signifie « boucle dent de Tunis ».

Khorsa nibân el-djemel.

خرصة نيدان الجمل

Pendant d'oreille de Constantine ; ainsi nommé parce qu'il rappelle les dents (*nibân*) du chameau. Il est fait

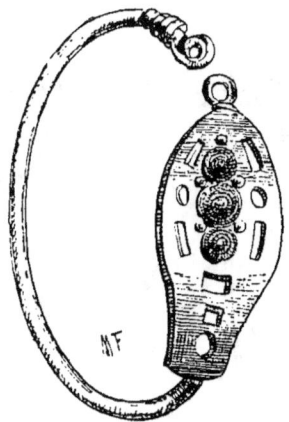

Khorsa nibân el-djemel (Dents canines de chameau).

d'un gros fil d'argent rond, recourbé, soudé à une plaque un peu épaisse et percée de trous.

Khorsa ras hanech.

خرصة راس حنش

Parure de Constantine. Boucles d'oreilles en or incrustées de pierres précieuses et terminées par des perles baroques. A Msila un orfèvre en a composé avec un

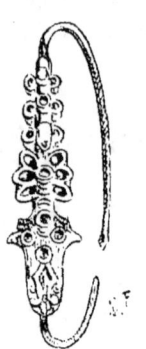
Khorsa ras hanech (Alger).

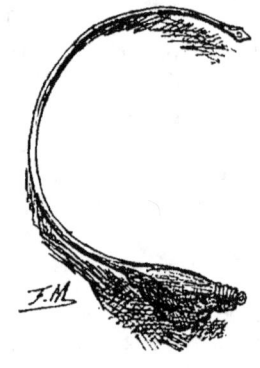
Khorsa ras hanech (Msila).

fil d'argent recourbé, aplati d'un côté et portant à son

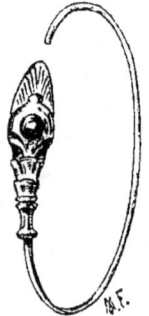
Khorsa ras hanech.

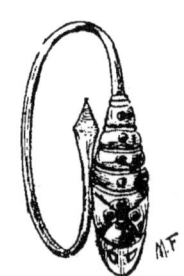
Khorsa ras hanech.

extrémité une tête de vipère à cornes. Les mots « ras hanech » signifient « tête de serpent ».

Khrâs.

خراص

C'est le pluriel de Khorsa. Il s'emploie à Fez pour désigner des boucles d'oreille creuses en or. A l'anneau non fermé sont suspendus de petits entonnoirs en or renfermant des boules de corail.

Kîr.

Nom arabe du soufflet de forge dont font usage les orfèvres algériens.

Koheul.

« Le koheul, dit le général Daumas, encadre les yeux d'un liséré noir ou bleu. Il préserve de l'ophtalmie, arrête les larmes, donne à la vue plus d'assurance et de limpidité. » On le fait avec du sulfure d'antimoine ou bien avec du sulfate de cuivre, du noir de fumée, de l'alun, du carbonate de cuivre et des clous de girofle. On plonge dans le koheul une petite baguette de bois qui en ressort poudreuse. Quelquefois c'est une épine de porc-épic ou une tige de métal nommée *meroued* (voir ce mot) qui remplace la baguette. On appuie cette tige sur la paupière inférieure, on la pince entre les deux paupières et on la fait glisser contre l'œil, de façon à noircir, sur son passage, le bord de la paupière et les cils.

Koufiya, pl. Kouâfi

Coiffure de Constantine en forme de cloche et s'adaptant exactement sur la tête. Souvent elle est en velours richement brodé de paillettes de perles fines et se termine par des rubans multicolores qui flottent derrière la tête. Les femmes s'en servent après le bain comme on se

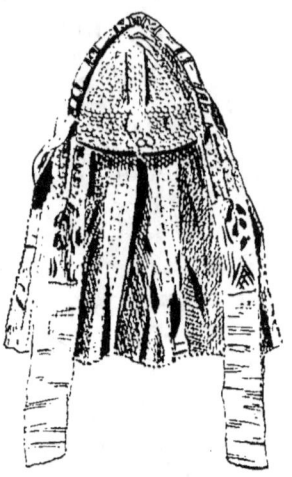

sert de la *beniqa* à Alger. En Syrie la koufiya est un grand foulard en soie avec franges et cordelettes qui couvre la tête et protège la nuque.

L

Lahiyet el-cadi.

لحية القاضي

CE vocable, dont le sens est « la barbe du cadi », désigne à Tlemcen une sorte de cadre formé d'un plané d'argent de forme rectangulaire et divisé en compartiments sur lequel sont appliquées plusieurs rangées de fil

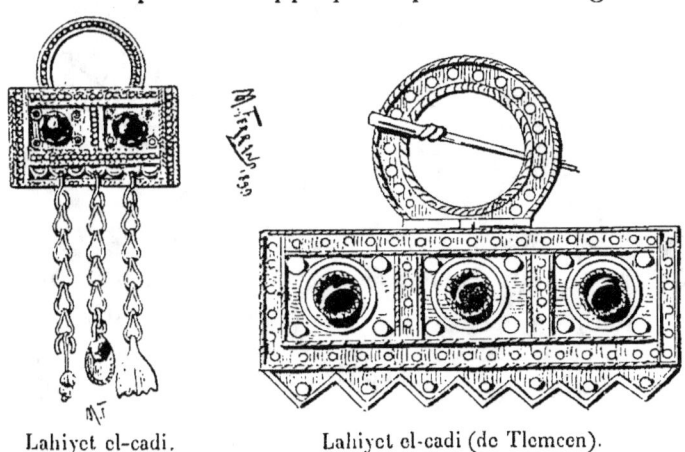

Lahiyet el-cadi.   Lahiyet el-cadi (de Tlemcen).

tors, tant en bordure que dans l'intérieur. Deux ou trois pierres sont enchassées. La partie supérieure est surmontée d'une anse. Trois ou sept trous sont percés à la partie inférieure pour recevoir des chaînettes à l'extrémité desquelles se balancent des khamsa ou des boules de corail.

Lâzma, pl. Lâzmât.

لازمة pl. لازمات

GOURMETTE de la bride du cheval.

Lebba voir Louba.

Ledjâm.

لجام

BRIDE du cheval. Elle est souvent brodée d'argent ou d'or.

Lemmâa.

لمّاعة

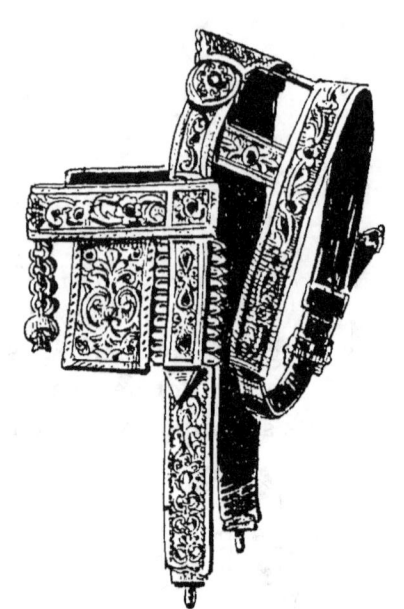

Ledjâm.

NOM donné à Tunis à une petite glace (*meraïa*). Ce mot *lemmaâ* signifie « brillante ».

Lethrâk ou letsrâk.

الاثراك

BIJOU kabyle. Grandes boucles avec un cercle passant dans le lobe supérieur de l'oreille. A l'extrémité est une plaque sur laquelle se trouvent trois boutons qui vont grossissant jusqu'au dernier. Ces boutons sont émaillés et surmontés d'une pointe de corail. Ce bijou très rare est fort ancien ; l'émail bleu-vert dont il est revêtu ne s'emploie plus aujourd'hui. Les femmes en accrochaient plusieurs ensemble à leurs oreilles.

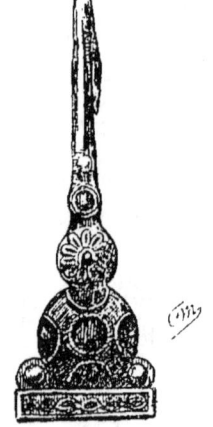

Lethrâk.

Liyân.

ليان

CE bassin, en cuivre ou en argent, très répandu jadis, servait aux ablutions des convives. Mangeant avec leurs doigts ils avaient besoin de les laver souvent. L'esclave leur versait de l'eau avec une aiguière, sorte de pot à eau en cuivre ou en argent (ibrìq) pour les ablutions des lèvres et de la barbe. Se rencontre encore aujourd'hui dans les synagogues, chez les gens de grande tente et chez les indigènes riches des villes ou du Sahara. Le liyân et l'ibrìq fonctionnent même dans les milieux où on mange avec des cuillers et des fourchettes : c'est l'équivalent de de notre bol et de notre rince-bouche. En Orient ce bassin est garni quelquefois d'une sorte de couvercle à claire-voie pour dissimuler l'eau déjà souillée. Le liyân, appelé *techt* au Caire, était en argent pour les hauts personnages algériens et en or pour le dey.

Loubân.

لوبان

COLLIER d'ambre formé de perles taillées. Il est porté par les fillettes du littoral de la petite Kabylie. Il se fait aujourd'hui en Allemagne et vaut 10 à 15 francs. Il est de plus en plus abandonné pour le collier de perles de verre de même couleur qui produit plus d'effet et ne coûte que trois francs. Les Turcs ont toujours eu des chapelets en ambre faits avec des grains en forme d'olives qu'ils égrènent continuellement entre leurs doigts, même en causant. Le mot *loubân* est d'ordinaire le nom de l'encens.

Louba.

لوبة

A Merrakech. Parure de poitrine en or très décorative. Ce sont plusieurs rangées de petits talismans, décou-

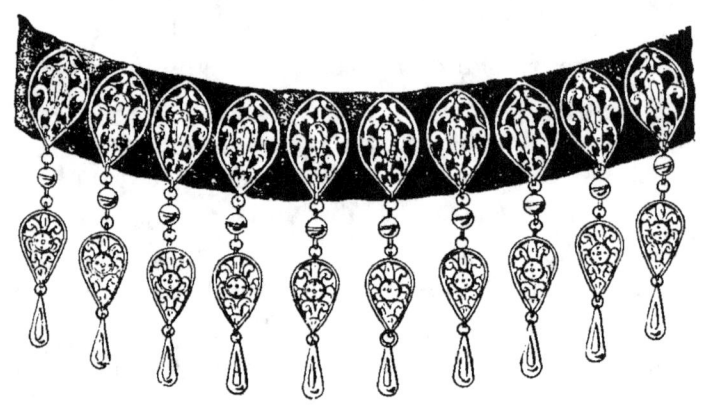

Louba (Maroc).

pés en ovale ou en amande, garnis de diamants et d'éme-

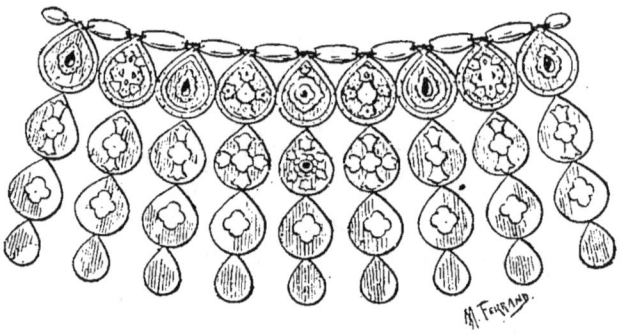

Louba (Maroc).

raudes. Ce collier est de composition variée. Les uns composés avec des plaques en or évidé sont surchargés d'ornements divers, avec des pierres précieuses sur toutes les faces de leurs nombreuses pièces. D'autres de ces bijoux sont plus simplement décorés ou ne portent même qu'un motif sphéroïdal au centre. Ces derniers laissent souvent pendre à leur extrémité inférieure une petite poire en or mat comme le *tazra* (V. ce mot).

A Fez la louba est une sorte de collier enfilade de grains d'ambre auxquels sont suspendues des pièces d'or ou d'argent et des pierres précieuses.

Louha.

لوحة

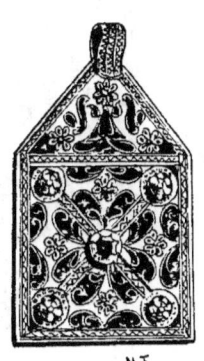

Louha.

PLAQUE en argent émaillé qui sert de pendant de poitrine à Djerba. Elle est hexagonale, rectangulaire, surmontée d'un triangle. Comme encadrement une torsade soudée à trois rangs et comme décoration quatre clous mauresques aux coins. Un chaton au centre et des entrelacs émaillés. Une boucle permet de la suspendre au cou par un cordon dans lequel des clous de girofle sont enfilés. Le mot *louha* signifie « planche » ou « planchette » (V. Ketab).

M

Mahazma.

محزمة

Nom du ceinturon à Tunis. Ce mot est également employé pour désigner la boucle de la ceinture en métal.

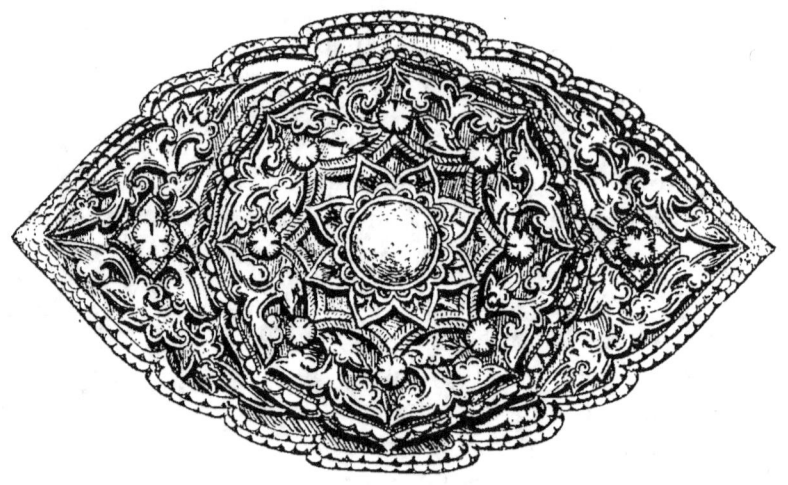

Mahazma (Tunis).

Il y en a de fort belles de forme ovale avec des reliefs turco-arabes de pensées, de palmes, de cordons d'entrelacs, d'enroulements de rinceaux et d'arcs mauresques.

Mahbera, pl. Mahâber.

محابر pl. محبرة

Encrier en cuivre, quelquefois en argent, encore en usage chez les riches tolba. Un étui de même métal, faisant corps avec l'encrier, sert à enfermer les plumes.

Mabhès, pl. Mehâbès.

محابس .pl محبس

Récipient aujourd'hui fabriqué en cuivre. Il a environ 50 centimètres de haut. Jadis il était en argent chez les grands personnages, mais on n'en fait plus en cette matière. Le mahbès sert à renfermer, pour les femmes, les objets de toilette, les éponges, le savon, qu'elles apportent au bain. Il ressemble à la cruche (*qolla*) des biskris, porteurs d'eau; mais le col est plus large et il n'a pas d'anse; le fond est légèrement bombé. C'est sans doute le même objet connu en Égypte sous le nom de *sedrich* et qui aurait été introduit en Algérie où on en retrouve de très anciens incrustés d'argent.

Mahboub.

محبوب

Monnaies que les femmes de Djerba mettent enfilées sur le front et dont elles font aussi des colliers. Équivalent, comme valeur, à la pièce d'or dite sultani à Alger.

Mahsour, pl. Mehâser.

محاصر .pl محصور

En Tunisie, on appelle, ainsi, la réunion de plusieurs colliers garnis de breloques de diverses monnaies.

Mebkhara.

مبخرة

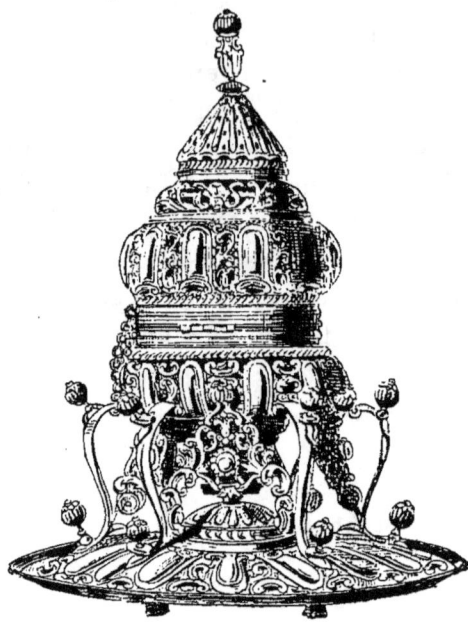

Mebkhara.

BRULE-PARFUMS. Sorte d'encensoir ou cassolette à brûler des parfums fins. On en voit souvent chez les marabouts, dans les mosquées à l'époque des fêtes religieuses du ramadan. Il est quelquefois en argent incrusté de corail; jadis il y en avait en or. Il provient surtout de l'Orient. Autrefois il en venait aussi beaucoup de l'Italie et le travail en était plus soigné que celui des mebkhara exécutés à Alger. D'une construction variée, cet édicule repose, à l'aide de volutes légères, sur une terrasse ronde. Le corps est, à sa base, garni de godrons et le couvercle affecte la forme d'une poivrière repercée pour laisser échapper les parfums de l'encens, de l'ambre et du oud qmari surtout, qui brûlent, à l'intérieur, sur des charbons.

Mebred, pl. Mebâred.

مبارد pl. مبرد

LIME, dont se servent les orfèvres arabes.

Mechebbek.

مشبّك

BRACELET de bras en or ou en argent, découpé, ajouré, avec une torsade ou un perlé soudé. Ce bracelet repercé, de la largeur de deux doigts, offre comme ornements des treillis coupés à angle droit ou formés de lignes obliques d'où son nom qui signifie « treillagé ». On y soude souvent

Mechebbek.

un ou plusieurs rangs de clous (habba), à petites têtes rondes, ou de grosses têtes de clous ronds et à cotes (qebiba), rappelant ceux dont les Maures aimaient à couvrir les portes de leurs maisons. Ce bijou est fermé par une goupille et retenu par une chaîne. En or il vaut de 3 à 400 francs. A Tlemcen ce bracelet est toujours muni d'une charnière. La qualification de mechebbek revient souvent en arabe dans la désignation des bijoux.

Mecherfa, pl. Mechâref.

مشارف pl. مشرفة

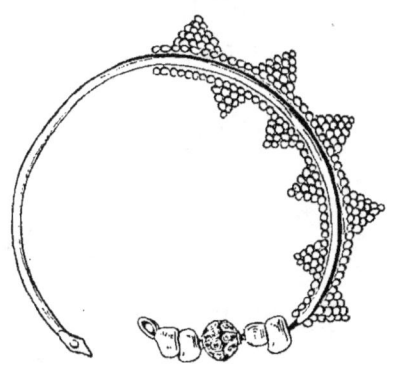

Mecherfa en or.

BOUCLES d'oreille, le plus souvent en or, rarement en argent. — A Boghari et à Laghouat c'est le bijou cher aux Oulad-Naïl. La petite mecherfa, d'environ 10 à 12 grammes, se passe dans l'oreille, mais celle dont le poids atteint parfois 70 grammes se place autour de l'oreille de manière à en épouser le contour. Formé d'un fil courbé en trois quarts de circonférence, la mecherfa porte, sur la moitié de son étendue, base contre base, plusieurs triangles formant dents de scie, recouverts de petites granulations ou grènetis. Un fil d'or et quelquefois de cuivre, enroulé autour du cordon circulaire, attache les garnitures à ces pendants d'oreille.

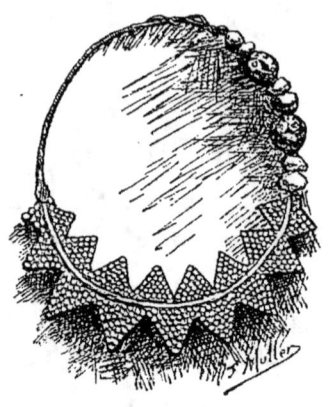

Mecherfa.

A Bou Saada sous ce nom de *mecherfa,* ou de son pluriel *mechâref* de petits pendants d'oreilles sont fabriqués à l'aide d'un fil d'argent recourbé, aplati au marteau à un bout et soudé par l'autre au corps principal dont les jours, les filigranes et les huit annelets destinés à recevoir des pendeloques proviennent tous d'un même moulage. Parfois, même au lieu de souder le fil d'attache, on le coule avec le reste de l'ouvrage.

Mecherfa bou-grouna.

مشرفة ابو قرونة

Bijou en argent fondu d'une seule pièce comme la Khorsa bou-rouhaïn. Au bout d'une tige cylindrique et recourbée se trouve une sorte de patte d'oie à trois doigts reliés entre eux par trois traverses. A droite et à gauche sont appendues par des S de petites plaques triangulaires. A l'extrémité opposée de la tige est enroulé un fil d'argent qui se termine par un œillet. Ce bijou se porte suspendu à une parure de front par le milieu de la tige qui est introduite dans une bride terminant une chaîne. La partie

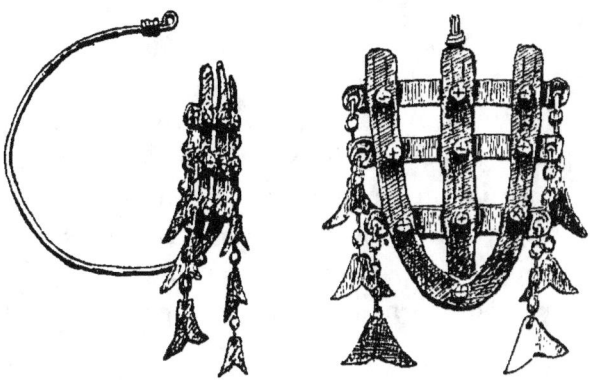

Mecherfa bou-grouna.

médiane de la patte d'oie est quelquefois reliée à l'extrémité de la tige par un fil garni de pierreries, de perles ou de grains d'ambre. La fabrication de ce bijou se fait à Guelma. Il se vend beaucoup au marché de Sedrata (Voir Khorsa mecherfa).

Mechmer, pl. Mechâmer.

مشامر .pl مشمر

Tour de cou avec médaillon. Porté à Tlemcen. Cette chaîne de 2 mètres de long est fabriquée à l'aide de globules aplatis au marteau, soudés quatre par quatre et entrelacés. A l'une des extrémités se trouve une espèce de bzîma ajourée avec ardillon. A l'autre extrémité deux glands en fil d'or. Cette chaîne s'enroule deux ou trois fois autour du cou. Elle est retenue par une bzîma à la poitrine Le mot *mechmer* « instrument à retrousser » a le même sens que le mot *chaîne* déjà vu pour désigner le cordonnet de soie à l'aide duquel les Saïs « coureurs du Caire » relèvent leurs manches pour bien dégager leurs bras.

Mecht.

مشط

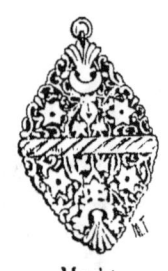

Sous ce nom qui signifie « peigne » en arabe, on désigne à Moqnine une plaque de cou en or plané, qui a la forme d'une ellipse divisée en deux parties par une zone enrubannée comme un mirliton. Sur la surface, comme ornements : des rinceaux, des étoiles, des palmettes, des trèfles et des volutes. Au sommet une boucle pour accrocher le bijou.

Mecht.

Mechta.

مشطة

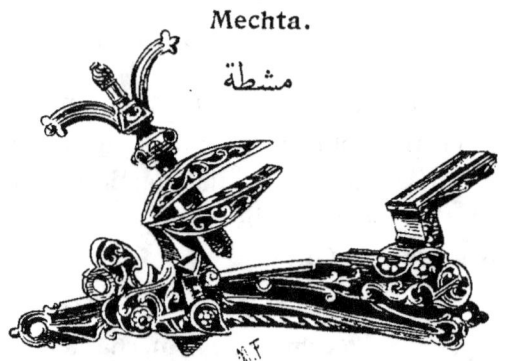

Batterie du fusil à pierre. Souvent incrustée d'ornements en or ou en argent. La partie sur laquelle frappe la pierre, s'appelle *zenad* (briquet).

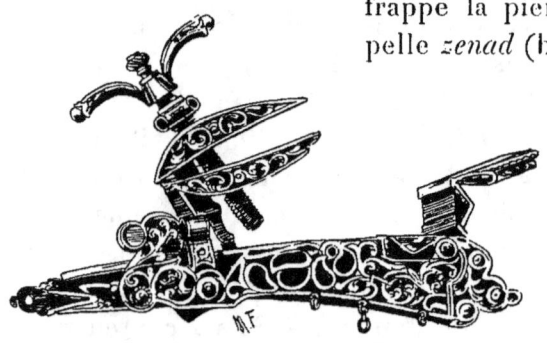

Mechta.

Mechta.

مشطة

Cône à bouton servant au sbabti (cordonnier) pour fixer le cuir pour le découper. Quelques houlatchi (brodeur sur cuir) eurent la fantaisie de faire fondre cet outil en argent.

Meddja.

مدجة

Terme générique donné à Fez aux colliers de perles, de pierres précieuses et de corail.

Medjdoub.

مجذوب

Fil d'or ou d'argent; ce mot signifie « étiré » et se prononce parfois megboud.

Medjdoul.

مجدول

A Touggourt c'est un bracelet en argent massif, ouvert, haut généralement d'un centimètre. Il porte quelques ciselures.

Medjerra.

مجرّة

La filière des bijoutiers algériens. Vient de *djerr* étirer.

Medjerreda.

مجرّدة

Laminoir employé par les orfèvres arabes

Medibah, pl. Medibhât.

مذيبجات .pl مذيبج

Collier fait d'un ruban de velours bleu dit *senîta*, ou de soie rouge sur lequel sont cousues des perles disposées en rosace et en lyre. Des pendeloques (*zerrouf*) formées de pierres fines et de perles baroques complètent ce

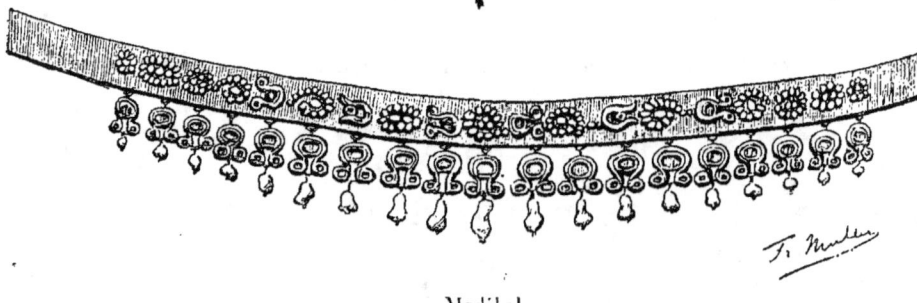

Medibah.

bijou très apprécié des hétaïres algériennes. Il se porte sur le front plus souvent qu'autour du cou. On le confond quelquefois avec le Kheït er-rouh.

Medija.

مديجة

Collier à plusieurs rangs de perles tombant sur la poitrine. Il se porte à Constantine.

Medjimer, pl. Medjâmer.

مجامر pl. مجيمر

Bracelet semaine, formé de sept gros fils travaillés au marteau et réunis par une plaque mobile découpée en étoile. Ce type doit être européen.

Medouar.

مدوّر

On appelle le plus souvent ainsi une broche en or en forme d'étoile ou de rosace. Sur une plaque fondue on soude des boutons (*habb*), de petits disques et des treillages de filigrane d'or. Un ardillon au milieu sert à fixer la broche. — A Boghari et à Laghouat cet ardillon, souvent en cuivre, traverse un énorme morceau de corail. On sait que, dans le Sud, cette matière est estimée autant que l'argent. Les Ouled-Naïl

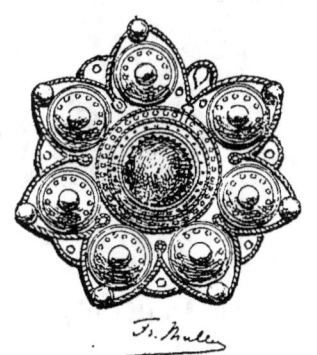

Medouar.

portent les médouar sur le front, à l'aide d'une chaîne en or à maillons ronds, plats et soudés séparément.

Le médouar affecte aussi une forme hémisphérique et ressemble à une coupe. Son ornementation est un travail repoussé. Un ardillon sert à le fixer au vêtement. On le fabrique ainsi mais moins bombé à Aumale.

Le médouar n'est autre que la fibule mérovingienne qui revint à la mode au XVIIIe siècle sous le nom de fermail et fut plus tard la broche. En Perse, le médouar se retrouve avec des pendeloques. Jadis la paire a dû se poser sur les seins.

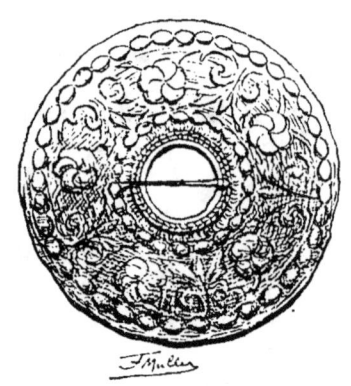
Medouar bombé d'Aumale.

Le nom du médouar est quelquefois suivi du mot *chemmacha* (cocarde pour chemmâsa). On fabrique beaucoup le médouar à Alger d'où on l'exporte dans le Sud. Médouar signifie « arrondi ».

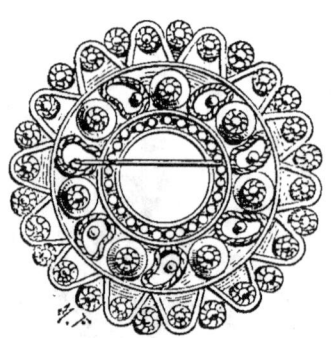
Medouar de Sétif.

A Sétif il y a plusieurs espèces de médouar. Tantôt c'est une rosace sur laquelle est soudée une ornementation en filigrane formant des concentriques séparés par des divisions. Une aiguille est placée au milieu pour le fixer. Tantôt il prend la forme d'une étoile avec 10 angles en saillie sur le pourtour. Dans chacune de ces parties saillantes apparaissent 10 petits cercles en fils rainés servant à sertir de petites boules hémisphériques en or. Un grand nombre de très petites plaques circulaires occupent le creux de toutes les figures géométriques en triangle. Au centre se trouvent plusieurs rangées de fils concentriques entourant l'ouverture. Une épingle, visible et placée au centre, permet d'attacher le bijou.

Meftel.

مفتل

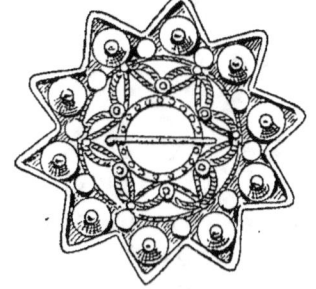

Medouar.

Boucles d'oreilles en or, faites d'un cercle très mince avec fermeture ornée : Elles sont portées dans toutes les villes du Maroc, où ce nom *meftel* « roulé » est le nom générique des boucles d'oreilles.

Megboud.

مجبود

Garniture en argent des bonnets de femmes juives du Maroc. C'est le nom du fil d'or ou d'argent prononcé ailleurs *medjdoub*.

Megherfa.

مغرفة

Cuiller servant à manger le couscous ; elle est d'ordinaire en bois, mais on en trouve aussi en ivoire avec le manche en nacre garni de corail et d'ivoire et venant de Turquie ou de Syrie.

Meghirfa.

مغيرفة

Diminutif de megherfa, ce mot désigne la cuiller à café qui est en argent ou même en or. Pour le service des deys les cuillers à café, d'un travail très soigné, étaient exécutées d'après des modèles européens. Aujourd'hui l'usage de la cuiller à café n'est plus une exception comme jadis ; tous les Arabes s'en servent, mais elles proviennent des magasins des orfèvres français.

Le rite malekite dont font partie presque tous les arabes africains interdit cependant les objets en argent pour les usages de table.

Megouès.

مفوّس

Ce mot qui signifie « en arceau » désigne des bracelets de différentes formes en or ou en argent qu'on fabrique dans le Sud et dont raffolent les Oulad-Naïl à Msïla et à Bou Saada. Ces bracelets sont minces et fondus avec, en relief, des carrés ou des triangles On les réunit généralement au nombre de 7 ou 8 sur le poignet. Ils produisent alors, dans leur ensemble, l'effet d'un seul braccel ayant l'aspect d'une tour avec des pierres taillées en bossage. Le mot megouès est souvent, chez les Bédouins, la corruption de meqiasa.

Mehâbes.

محابس

Pinces dont se servent les orfèvres algériens.

Mehakke ed-dahatr.

محكّة الظهر

GRATTE-DOS. Longue tige en argent à l'extrémité de laquelle se trouve une spatule striée prenant un peu la forme d'une main sans doigts.

Mehazma.

CEINTURE tunisienne brodée d'argent et de perles.

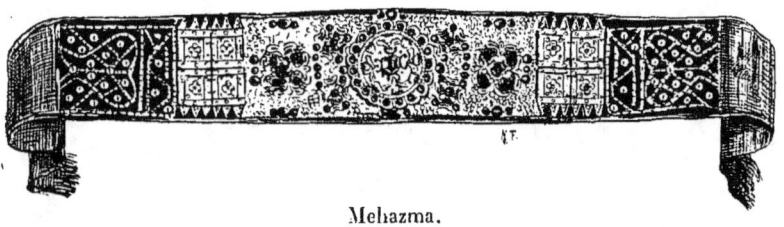

Mehazma.

Mekhanga, pl. Mekhangât.

مخنقة .pl مخنقات

BROCHE de Tlemcen en forme d'étoile. Elle enserre à la gorge. Le mot signifie « carcan », « chose qui étrangle ».

Menkhas.

منخاص

CE bijou se divise en deux parties: la tige d'abord et ensuite la plaque sur laquelle est soudée une bordure en fils tors qui reçoit des pierres précieuses. Ce n'est qu'une imitation d'un bijou européen. Le nom de cette épingle était peut-être originairement *menkhas* « aiguillon » (Voir mounkhas).

Mekhneqa.

(Voyez Mekhenga).

Mekherta.

مخرطة

Nom arabe du tour employé en Algérie.

Mekhola.

مكحلة

Prononciation ordinairement usitée de ce mot en Algérie, mais sa véritable forme se trouve indiquée plus loin page 163.

Mekehila ou mekhila, pl. Mekehilât.

مكيحلة pl. مكيحلات

Diminutif du mot précédent. Flacon destiné à mettre le Koheul, poudre noire servant à agrandir les yeux. Les Grecs avaient aussi de petits vases en forme d'amphore pour le même usage. Avant la conquête les Israélites possédaient des mekehilât en argent, jamais en or. Aujourd'hui ce flacon, souvent de forme aplatie, est quelquefois en argent repoussé, d'autres fois en or massif, en porce-

laine ou en faïence bleue. Il est monté en or avec bouchon en
or et perles fines. Il s'en trouve aussi avec des anses, un pied

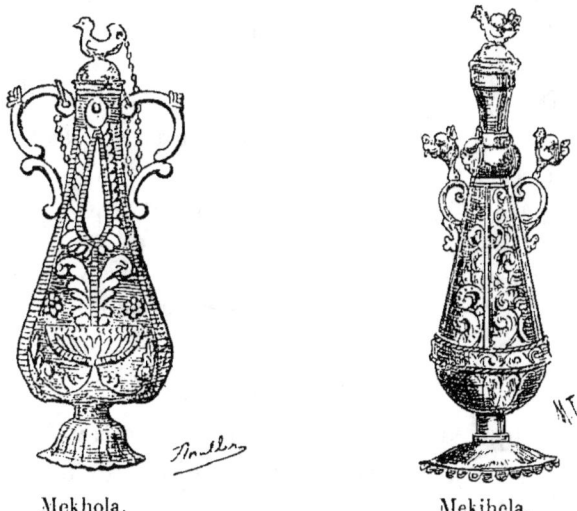

Mekhola.   Mekihola.

et un bouchon surmonté d'un coq aux ailes déployées
agrémenté d'un corail en guise de crête. Le plus souvent
la mekehila à sa surface unie en Tunisie (voir Koheul).

Menfekh tlemsani.

منفخ تلسانى

Bracelet très ancien du poids de 80 grammes. Il se
compose d'un plané d'or ou d'argent avec bordure.
La partie bombée obtenue par l'emboutissage reçoit des
appliques en forme de losanges et d'étoiles alternées.
Menfekh signifie « soufflet ».

Menfekha.

منفخة

Chalumeau employé par les orfèvres.

Mengâch.

منقاش

CROCHET en or ou en argent ajouré, au milieu duquel se trouve une pierre fine, un morceau de corail ou de cire. Il sert à soutenir le djebìn sur le mouchoir qui entoure la tête et retombe sur le front. (Voir djebìn.)

Mengouch, pl. menâguech.

منقوش pl. مناقش

CE mot qui signifie littéralement « gravé » s'emploie pour désigner les pendants d'oreille d'une manière générale.

A Tunis ce bijou est tantôt en argent, tantôt en or et accompagné de diamants ou de perles. Le mengouch a toujours trois pendeloques de perles ou de roses et cette particularité le distingue du pendant d'oreille qui porte le nom de *belâlet* pluriel de *bellouta*. On se sert du reste également du pluriel *menâguech* à la place de mengouch.

A Tlemcen le pendant d'oreille de ce nom se compose de cinq chatons et d'une petite tige en agrafe. Les chatons reçoivent des roses ou des brillants.

A Djerba, la forme du mengouch est celle d'une rosace ornementale entourée de perles et elle ressemble alors à une Khorsa.

Mengoucha djouihera.

منقوشة جوهيرة

PETIT pendant d'oreille en or ou en argent ayant un poids moyen de 4 à 5 grammes. Ce bijou, composé d'une dormeuse et de pendants, est, dans la région du Tell, ornementé de roses montées sur argent. On en rencontre quelquefois ayant la forme d'un cadenas ou d'une lyre recouverte de perles fines montées sur un fil d'or. Ce bijou paraît avoir été inspiré par un modèle portugais. Il ressemble aussi aux dessins exécutés, avant 1830, pour le Dey, par son orfèvre italien Sanguinetti.

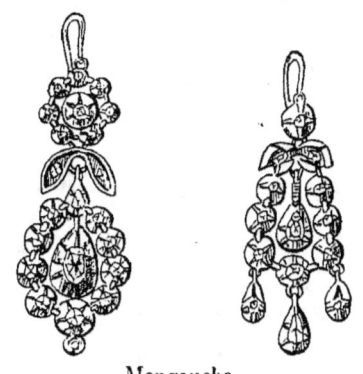

Mengoucha.

Menguela.

مقلة

Étau des orfèvres algériens.

Mentâh.

منطاح

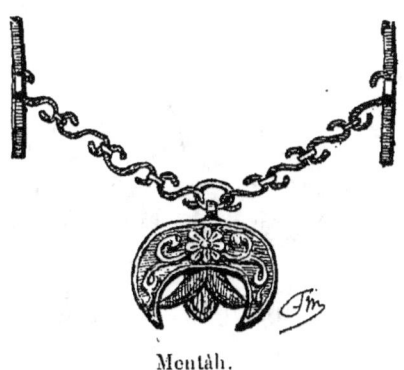

Mentâh.

Ornement frontal du cheval, comprenant le plus souvent un certain nombre de pièces distinctes, savoir : de chaque côté de la tête deux petites plaques fondues, ciselées et dont le rebord uni a deux centimètres de largeur. Au milieu de chacune un gros anneau est soudé dans lequel passe deux S mobiles où s'accrochent trois anneaux enchevêtrés. Une boucle sert à suspendre un croissant, comme dans la gravure. A Sétif le croissant est ajouré. Souvent une chaîne, formée de S, relie simplement les deux plaques qui s'appliquent sur le front du cheval.

Menteqa, pl. Menteqât.

منطفات pl. منطفة

Boucle de ceinture en argent formée, tantôt d'une seule, tantôt de deux plaques de forme identique coulées, à jour et gravées. Une coulisse carrée et renfermant trois charnons constitue la fermeture dont la goupille est faite d'une tige d'argent surmontée d'un coq ou de tout autre emblème symbolique. Derrière chaque plaque est soudé un pied par où passe une extrémité de la ceinture qui est ensuite rabattue et cousue. On en fabrique à Constantine en filigrane.

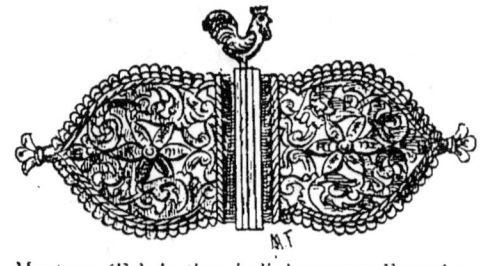

Menteqa (Fabrication indigène pour Européen et composée de deux bzaïm.

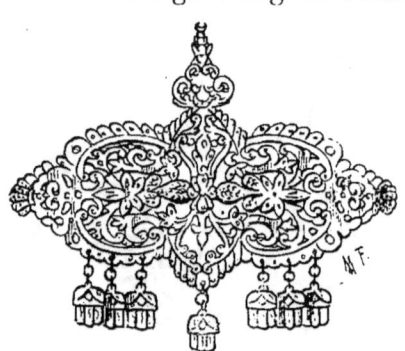

Menteqa de Bône.

A Bône la mentiqa n'a qu'une seule plaque masquant la fermeture. Au bout de sept agrafes, de petites mains comme garniture. Ce bijou est surtout destiné à la vente aux Européens.

On a fabriqué quelques menteqa comprenant deux plaques en or massif chevauchant l'une sur l'autre et réunies par une agrafe avec des chaînettes comme pendants et, comme décor, des arabesques et des boutons hémisphériques nommés *gafla*.

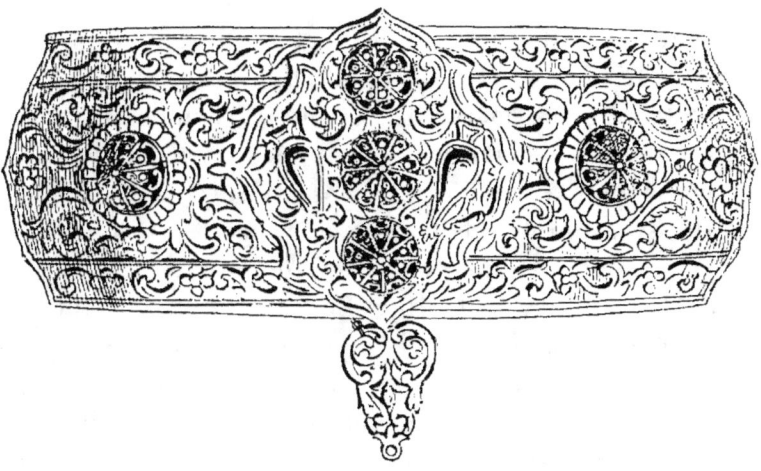

Menteqa en or (Travail de Msila).

Les Tunisiens appellent souvent la cartouchière menteqa, qui veut dire « tout ce qui serre le milieu du corps. »

Meqaïs.

مقايس

PLURIEL du mot meqiàsa. Il s'emploie parfois à la place du singulier. Voir plus loin à meqiàsa les divers bracelets qui portent ce nom.

Meqerniya.

مقرنية

NOM de la bigorne employée par les orfèvres indigènes de l'Algérie.

Meqfoul.

مفغول

CROCHET d'oreille qui affecte différentes formes. En général c'est un fil d'or ou d'argent rond, courbé en cercle au marteau et aplati seulement aux deux extrémités, lesquelles, découpées en losange, sont percées d'un trou livrant passage au fil de suspension. Il est orné de brillants enchâssés dans une monture en argent. Le meqfoul est commun aux départements d'Alger et de Constantine. Les gens de Biskra lui donnent le nom de *ounisa* ; mais dans le Sud et dans l'Aurès son équivalent prend le nom de *mechâref* qui est le pluriel de mecherfa. — A Tlemcen cette boucle d'oreille est composée d'un gros fil d'or en forme de demi-ellipse. Les deux extrémités sont reliées par un fil où sont enfilées des perles baroques ; au milieu est soudée une petite plaque qui reçoit une pierre. Les Mérovingiens connaissaient ce bijou qui se terminait par une pierre taillée à facettes. Meqfoul veut dire agrafe.

Meqiâsa, pl. Meqaïs.

مفاياسة pl. مفايس

TERME générique des bracelets dont les différentes formes sont souvent indiquées par un mot complémentaire. Il est en or ou en argent, uni ou plané, avec ou sans charnière et ornementé de trèfles, de triangles, de volutes ou de feuilles de palmier. Autrefois il n'avait pas de bordure ; maintenant il en a une, obtenue par un fil tourné et rapporté

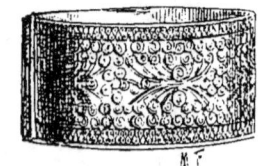

Meqiâsa.

en forme de corde. Les femmes arabes portent souvent plusieurs bracelets à la fois, rarement un seul, comme les françaises. Quand le bandeau est petit, ce bijou s'attache au poignet ; au contraire lorsque le bandeau est très large on le fixe à l'avant-bras à la façon d'un brassard. C'est à cette même place que le mettaient les gladiateurs romains. Dans certains endroits le nom de meqiâsa, employé seul, désigne le bracelet en corne, sans ornement de métal précieux.

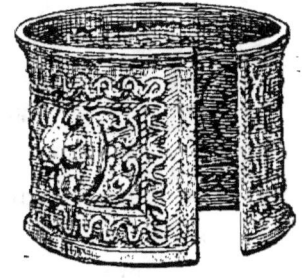

Meqiâsa de Boghari.

Les variétés de fabrication du meqiâsa sont très nombreuses. Les uns sont percés à jour et portent des têtes de clous en or ou en argent. D'autres ont une ornementation particulière obtenue à l'aide du laminoir. D'autres, coulés en argent massif, sont ornementés de lignes géométriques. Il en est aussi en or avec bordure, mais sans appliques sur le corps. Il y en a de très larges, planés en argent, travaillés au ciseau, enjolivés, un fil en torsade bordant les contours. Quelques-uns sont garnis d'un rang de demi-perles sur le plané, avec, au-dessus et au-dessous, des filets ornementés. Enfin il s'en rencontre qui ne sont que de gros fils d'or circulaires terminés par des têtes de serpent serties de pierres précieuses.

Meqiâsa bel adès.

Meqiâsa bel adès.

Bracelet dont le bandeau en corne est orné d'une rangée de lentilles (*adès*) en or.

Meqiâsa bel-Kheit.

مقياسة بالخيط

Bracelet de Constantine formé d'un plané d'argent dont la surface extérieure est recouverte de cordonnets soudés sur lesquels on met quelques appliques. Les extrémités du plané, amincies au marteau, tournées à la pince, rabattues sur le bout des cordons sont soudées de manière à les maintenir et à les masquer. A cet endroit le fermoir est taillé à l'emporte-pièce. Ce bracelet affecte diverses formes, tantôt étroit, tantôt large, il est à charnière et à goupille. L'épithète *bel-kheit* signifie « avec fil ».

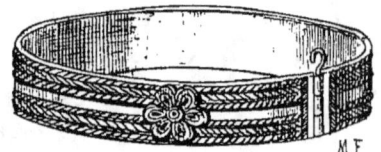

Meqiâsa bel-Kheit (Modèle français).

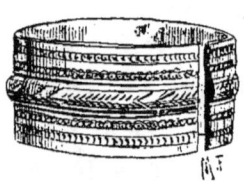

Autre modèle de Meqiasa ou Hadida bel-Kheit (Tunis).

Meqiâsa berqouqès.

مقياسة برقوقس

Bracelet de Constantine en or ou en argent, à gros grains semblables à ceux de la prunelle sauvage (berqouqès) d'où le bijou tire son nom.

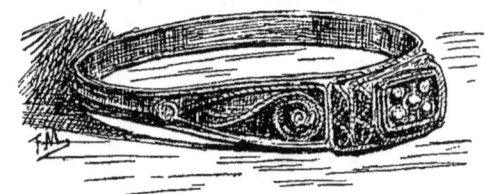

Meqiâsa chachbach.

Meqiâsa chachbach.

Bracelet orné de fils enroulés et contournés en volute, de chaque côté d'un dé figurant un chaton de bague — composition probable d'un orfèvre européen d'Alger pour la vente dans le Sud. Chach bach veut dire dé à jouer en turc.

Meqiâsa deg el-hadjer.

مقياسة دق الحجرة

CE bracelet étroit à pierres massives, ainsi que l'indique son nom (*deg el-hadjer*), est formé d'un cercle en argent massif, en deux parties moulées avec, en bordure, un gros fil uni d'argent. Les pièces de rapport, coulées, unies, rondes, en table ou en rosace, sont quelquefois ciselées. Deux de ces appliques, servent de fermoir aux extrémités, qui sont à charnières, rivées et percées d'un trou où passe la goupille. Parure de Constantine et de Tunis.

Meqiâsa deg el-hommés.

مقياسة دق الحمص

BRACELET fermé de Tlemcen ayant deux larges lisérés de fils tordus et au milieu des demi-perles d'argent ou d'or en relief. Ce bijou date de 40 ans. Son nom signifie : bracelet à grains de pois chiches (hommès).

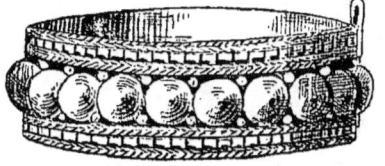

Meqiâsa deg el-hommès.

Meqiâsa déyiqa.

CE bracelet mince porte le nom de deyiqa (étroit).

Meqiâsa dhersa.

مقياسة ضرسة

Bracelet de corne dit « molaire » (dhersa) en usage à Constantine.

Meqiâsat djamous.

مقياسة جاموس

Le mot *djamous* signifie « buffle », ce qui indique que ce bracelet se découpe généralement dans la corne de cet animal. Cet ornement de bras, très primitif, est acheté par les femmes des nomades et les femmes sédentaires pauvres. Il se fabrique surtout à Alger dans la rue Médée où se

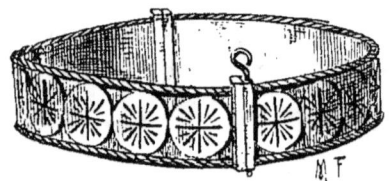

Meqiâsat djamous (Constantine).

trouvent les tourneurs indigènes (kherrâtin). Aujourd'hui on emploie d'ordinaire la corne de bœuf au lieu de la corne de buffle devenue rare. Dans son livre sur les bijoux, M. Fontenay raconte qu'en 1869, les bijoutiers algériens envoyèrent en France des bracelets en corne, genre meqiâsa djamous, qu'ils appelèrent porte-bonheur. Le nom était heureux et la mode de cette parure se répandit. D'abord on copia le modèle algérien en corne. On avait ainsi un bracelet que l'on mettait en y entrant la main et en forçant légèrement. La souplesse et l'élasticité de la corne, sou-

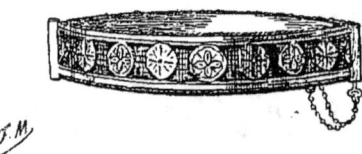

Meqiâsat djamous (Constantine).

mise à l'action de la chaleur, rendait cette opération facile. Le rond de corne qui entourait le bras était étroit, uni et presque aussi épais que large. Ensuite on en fit en or avec une charnière pour l'ouvrir et un cliquet pour le fermer, l'or n'ayant pas la même élasticité que la corne. Depuis, ce bijou a subi de grandes transformations et a été très enrichi.

A Constantine le *meqiâsa djamous* est, à l'intérieur du cercle, une plaque d'or et, à l'extérieur, une bande de corne brune ou de baleine. Il est muni de deux charnières : l'une à goupille mobile, l'autre à goupille fixe. Cette dernière est en bois de façon à user le moins possible la charnière ; quelquefois elle est surmontée d'une pierre fine. A l'extérieur, des disques d'or alternent avec d'autres appliques, sortes de losanges curvilignes, soudées et rivées. Le rebord est replié à angle droit du corps principal. Parfois les appliques ont l'aspect d'étoiles alternant avec des rondelles ou des perles baroques. On enchâsse les morceaux de corne ou de baleine dans la monture garnie de deux cordons de fils tors superposés l'un au dehors, l'autre au dedans.

Meqiâsat el-hadaïd bel-habba.

مقياسة الحدايد بالحبة

Bracelet à jours et à boutons (bel-habba) ; charnière à goupille mobile, retenue par une chaînette dont le corps principal est moulé. Des pièces de rapport, coulées, puis gravées et soudées, forment, en relief, l'ornementation extérieure. Deux rangs de fil tors

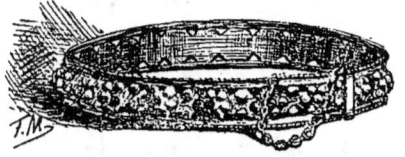

Meqiâsat el hadaïd bel-habba.

superposés sont soudés en bordure, quelquefois ; charnières avec fermeture carrée à coulisse. Le mot *el-hadaïd* semble signifier ici « à pointes ». C'est une parure de Constantine, peut-être d'un orfèvre européen à cause de la chaînette proscrite le plus souvent dans le travail indigène pour cause de fragilité et de gêne.

Meqiâsat et-tout.

مفياسة التوت

BRACELET étroit avec appliques de mûres (*tout*) rosacées. Il est pourvu d'une charnière. Origine arabe douteuse. Se fabrique à Tunis.

Meqiâsa ferda.

مفياسة فردة

BRACELET du type « Semaine » dont chaque cercle en argent est dit ferda. Pour indiquer le nombre de ces cercles on fait précéder le mot *ferada* (pluriel de *ferda*) des numératifs arabes : etneïn « deux »; tsalata « trois »; arbaa « quatre »; khamsa « cinq », etc. Cet ornement de bras n'est qu'une copie récente de la bijouterie française et une suite de simples anneaux retenus par une plaque les empêchant de se séparer. C'est une parure créée dans la province de Constantine.

Meqiâsa dit hadidat-el-kheït.

مفياسة حديدة الخيط

A Constantine c'est un bracelet à jours et à fil (*el-kheït*). Mince plané d'argent dans lequel on taille, de distance en distance, à l'emporte-pièce, des jours en treillis bordés de larges et épaisses bandes de fils, soudés en long et en travers, sous lesquels vont se cacher les extrémités du plané retournées en fermoir. Les trois charnons, taillés à l'emporte-pièce dans ce plané, s'emboîtent dans des coulisses demi-cylindriques soudées en regard. A Tunis, il s'appelle *hadida bel Mechabbek*.

Meqiâs Mechebbek.

مفياس مشبك

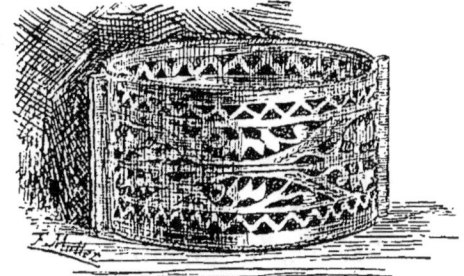

Meqiâs Mechbbek.

BRACELET très large. Plané d'argent assez mince, percé à jour au ciseau. Listel pour bordure suivie d'une bande chevronnée. Les trous donnent comme ornements des feuilles déchiquetées. Deux charnières avec fermeture à goupille en cuivre, souvent en bois, pour le retenir au bras. Mechebbek veut dire treillagé.

Meqiâs mebrom.

BRACELET d'or, en torsade comme certains redifs.

Meqiâs mesmout.

مفياس مسموط

BRACELET en or tantôt ouvert, tantôt fermé, fabriqué pour les touristes à Constantine et formé de deux parties réunies par une charnière peu arabe. Chacune d'elle, comprend une lame intérieure et sur ses bords sont soudées deux torsades.

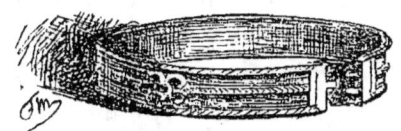

Meqiâs mesmout.

Sur la partie médiane extérieure court un autre fil fixé par des appliques en rosace alternant avec d'autres motifs ovales.

Meqiâsa nefkha.

مقياسة نفخة

Ce bracelet est porté surtout par les femmes du Mzab. Il est fabriqué au moyen d'une mince plaque d'argent bombée par l'emboutissage et dont on soude les deux extrémités. Au point de soudure on adapte quelquefois un ornement creux, garni de filigrane comme la face extérieure de cette plaque. Deux rangées de fils tors sont soudées en bordure. Le mot nefkha signifie « enflure ».

Meqiâsat sultâni.

مقياسة سلطاني

Cet anneau de bras dit « de sultâni » est formé d'un gros fil d'argent uni et courbé, aux extrémités duquel sont des trous taillés à l'emporte-pièce pour tenir l'objet fermé par un fil de soie, comme le meqfoul. A la partie inférieure du cercle sont soudés cinq petits œillets tenant suspendues trois mains, et, entre elles, deux pièces dites sultâni. Parure destinée sans doute à être vendue aux Européens, dans les bazars exotiques des expositions, comme bracelet ou boucle d'oreille *ad libitum*. Les deux petits sequins portent le nom d'El Djezaïr, ce qui confirme cette supposition. De plus les femmes indi-

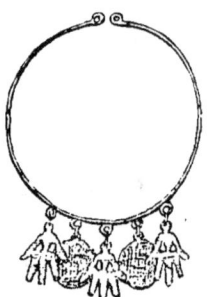

Meqiâsat sultâni (pour Européennes).

gènes rejettent presque toujours tout ce qui pend aux bracelets.

Meqiâsat Tounès.

DEPUIS 1895, il se fait à Alger un très grand nombre de bagues ainsi appelées parce qu'elles imitent des modèles de Tunis (Tounès). Ces bijoux sont en argent plané, d'une coupe évidée et portent, soudé en relief, le nom d'Alger (El Djezaïr). Dorés à la pile et presque toujours en argent, rarement en or, d'un prix très peu élevé, ils sont très appréciés des voyageurs qui en achètent beaucoup.

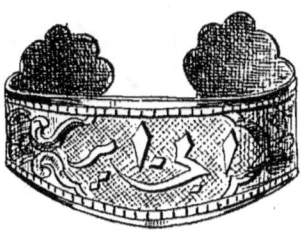

Meqiâsat Tounès.

— Ce même modèle est reproduit en bracelet. Sur la plaque découpée sont soudés, comme pour la bague, des filets plats d'argent doré, formant des ornements en caractères arabes. On frotte leur surface avec le dernier numéro du papier de verre pour obtenir le vif, c'est-à-dire le brillant. Certains sont ajourés au découpoir. Puis on replie la plaque au marteau pour avoir le cercle. La légende ordinaire signifie « Bonheur éternel à qui me porte ». Ce bracelet n'est pas fermé, ce qui permet de l'adapter à toutes les grosseurs de poignet. Les bagues sont également ouvertes.

Meqiâsa mozaddjedja.

مقياسة مزججة

BRACELET émaillé, porté à Moqnine. Il est ouvert, massif, haut et large avec un gros filet au milieu.

Meqoss debila.

مقصّ دبالة

Petit ciseau (*meqoss*) ressemblant à un couteau, servant à moucher la mèche (*debila*) des lampes indigènes, toujours alimentées à l'huile. Ils sont souvent accrochés à la lampe par une chaine ou un fil de métal. Dans les familles très riches, ils sont en or ou en argent.

Meqroun.

مفرون

Se dit à Djerba de deux ou trois pièces en argent, de dimension égale dont les femmes ornent leur cou. *Meqroun* signifie « accouplé ».

Merâchech.

مراشش

Garniture de cuir brodé qui recouvre et dépasse la selle à Constantine.

Meraïa.

مراية

Ce mot dans son sens primitif signifie « l'instrument ou la chose qui voit ». On en a fait le nom du miroir. Tantôt il est de forme circulaire, tantôt rectangulaire et surmonté d'un triangle. Le miroir est encadré dans une bordure d'argent fondue et ciselée. Le revers est repoussé avec ornementation d'arabesques. Jadis le cadre était quelquefois en or; il était dans ce cas incrusté de pierres précieuses. A Tlemcen, la meraïa, montée en argent, est accompagnée d'une chainette. Quant aux garnitures elles-mêmes des miroirs de grande dimension, appelés glaces en français, ce sont des bandes d'argent dont le travail est fait au repoussé par des ornemanistes qui ont copié des modèles venus du Midi de la France et les ont appliqués sur du bois. Le bâti généralement adopté rappelle celui des miroirs du temps de Louis XVI et ressemble un peu à une boite de contrebasse moins le manche.

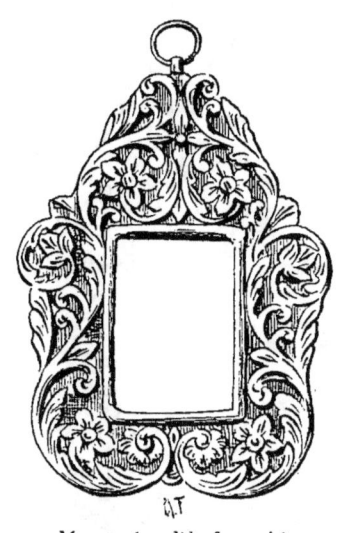

Meraïa (modèle français).

Merechch ou Merechcha, pl. Meràchch.

مراش pl. (مرشّة ou) مرشّ

ASPERSOIR. Littéralement: « ce qui asperge ». Celui qui asperge s'appelle *merachchech*. Vase tantôt en argent, en or ou en argent doré, au col long, vissé à la panse et terminé par une tige creuse. C'est le goupillon des chrétiens. Des deux parties de l'aspersoir, l'une est de forme Louis XVI, l'autre ressemble à une aiguillette. Elles sont souvent reliées par une chainette. L'olive de l'extrémité est percée de petits trous pour livrer passage à l'eau de senteur. Les Juifs l'utilisent dans les cérémo-

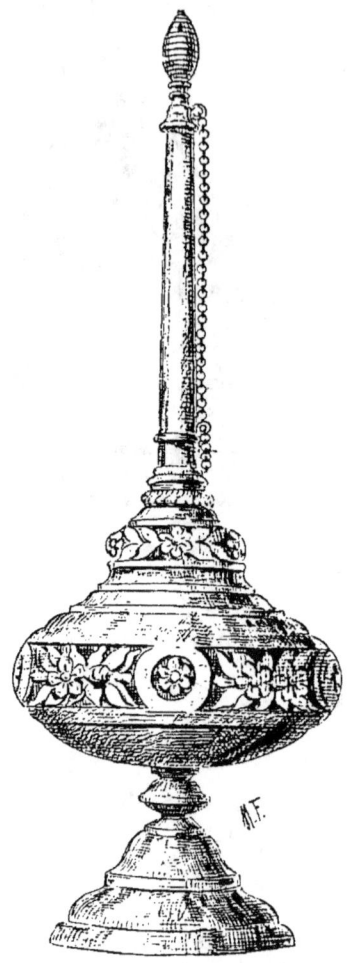

Merechch (Modèle italien).

nies religieuses pour asperger les assistants en guise d'eau bénite. Les Arabes s'en servent également dans leurs fêtes et, en particulier, pendant l'aïd-el-seghir qui met fin au jeûne du Ramadan. Alors il contient le plus souvent de l'eau de fleurs d'oranger ou de jasmin. Enfin, les jours de mariage, les israélites l'emploient pour verser un peu d'eau parfumée dans le creux de la main des invités. La décoration du Merechch appartient à l'école italienne et se rattache un peu à celle du XVIIIe siècle.

Meriouha, pl. Mériouhât.

مريوحات .pl مريوحة

Chasse-mouches. Il s'appelle aussi Minachcha. Dans ce cas il est fait avec des feuilles de palmier dattier et ressemble à un martinet. Son manche, surmonté d'un petit croissant, se fabriquait autrefois avec luxe. Il était en argent, en or, souvent incrusté de corail, de diamants et de perles fines. Hommes et femmes s'en servaient.

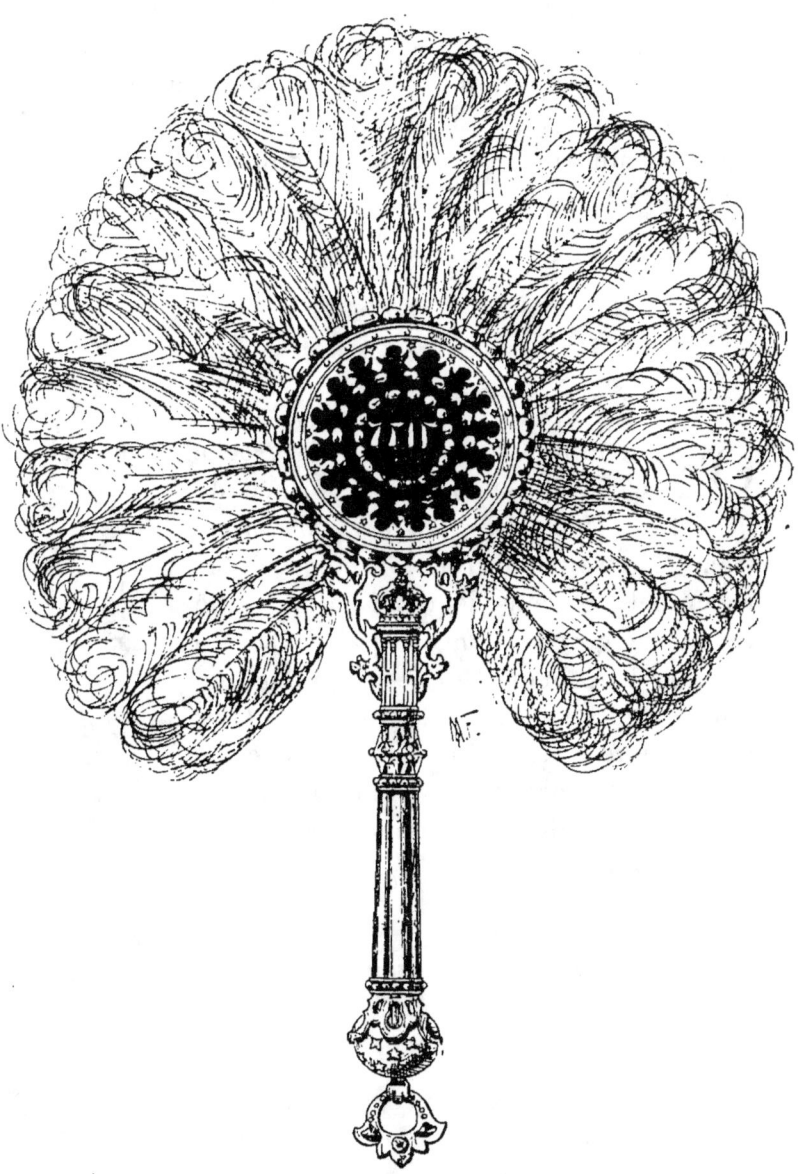

Meriouha offert par le Consistoire israélite à l'impératrice Eugénie
et exécuté par l'orfèvre Eugène Dorez.

L'orfèvre européen E. Dorez exécuta un superbe chasse-mouches dit meriouha avec canon de corail cannelé d'or, plumes d'autruche, miroir enrichi de rubis d'un côté, et de l'autre dans un disque d'émail bleu, le sceau de Salomon en diamants et émeraudes. Aujourd'hui le meriouha n'est plus un bijou, mais un objet de bazar fait avec du palmier nain tressé. Il a la forme d'un petit drapeau. Son manche est fort simple.

Meroued.

مرود

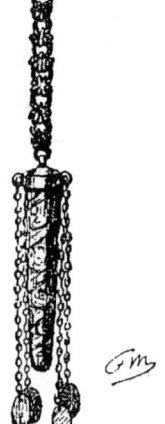

Objet de toilette en argent. Il s'accroche par une chaîne massive de suspension, formée de fleurettes et de petits disques. A son extrémité se trouve un tube orné de volutes repoussées et dans lequel s'enfonce une corne de gazelle dont la pointe sert à prendre le Koheul pour le maquillage en noir des yeux. Quatre chaînettes auxquelles sont adaptées des pièces de monnaie entourent le corps de ce bijou (Voir mekehila). C'est la tige seule qui devrait porter le nom de *meroued*.

Mesâma, pl. Mesâmât.

مسامات

Meroued.

Large plaque de ceinture en ronde bosse que l'on rencontre à Biskra. Elle est le plus souvent en argent, estampée en deux morceaux, et fermée par une goupille.

Mesbâh, pl. Mesâbah.

مصباح pl. مصابح

LAMPE en cuivre, ciselée, gravée, niellée d'argent et qui est appelée aussi *qandîl*. Elle est assez rare aujourd'hui. La prononciation correcte devrait être misbâh.

Mesiâsa mechebbeka.

مسياسة مشبكة

BRACELET à jour d'où son épithète de *mechebbeka* « treillagé ». Le mot *mesiâsa* est synonyme de *meqiâsa*. C'est une prononciation défectueuse très souvent usitée.

Mesiâsa meftouah.

مسياسة مفتوحة

BRACELET ouvert (*meftouha*). Il est de fabrication récente. C'est un bijou de Tlemcen.

Meska ou Meskïa, pl. Meskât.

مسكة pl. مسكات

CASSOLETTE en deux parties ressemblant à une poire aplatie et suspendue à une chaîne par une bélière. Le mot mesk désignait autrefois une pochette de cuir dans laquelle on serrait les bijoux. Telle est l'origine de ce bijou qui a beaucoup d'analogie avec le pendant de cou, suspendu à un jaseron, du XVIIe siècle.

Elle sert à mettre du musc (mesk) ou d'autres parfums, essence de rose, de géranium, de jasmin et de civette qui vient, dans des cornes de rhinocéros, du centre de l'Afrique, par le Mzab. Presque toujours en or, la meska est faite en filigrane, décorée de pierres précieuses avec pendeloques de perles, d'émeraudes, de rubis non taillés et percés. On en rencontre d'une grande richesse dans lesquelles le travail est en plané, ajouré au ciseau des deux côtés et orné d'émeraudes carrées, rectangulaires ou en losange, ou encore de saphirs et de rubis cabochons. La monture sertissant les pierres est en argent doré. La belle meska à nervures d'or, bordée d'une guirlande de perles fines porte des pendentifs de pierres précieuses à l'état brut. Lorsqu'elle est filigranée, cette cassolette est souvent légèrement bombée. La fermeture très primitive consiste en un simple petit crochet.

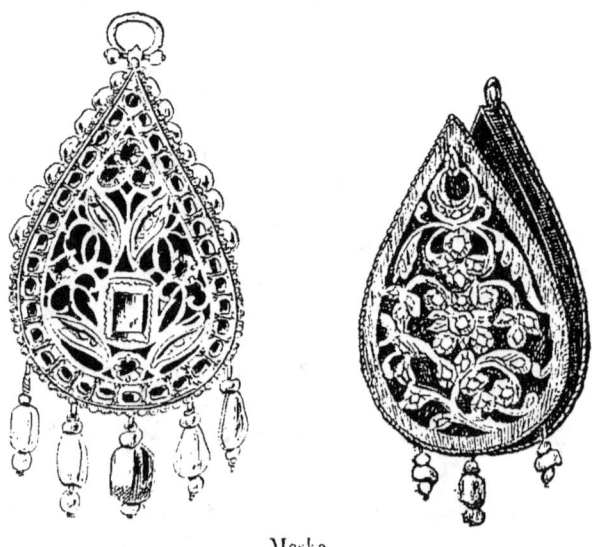

Meska.

A Tunis, la Meska ou Meskia est faite le plus souvent de filigrane et rarement de plaques découpées avec incrustations de pierres précieuses. C'est la même parure à peu près que la précédente. Elle a la forme d'une amande et laisse pendre à sa base des perles ou des pendants

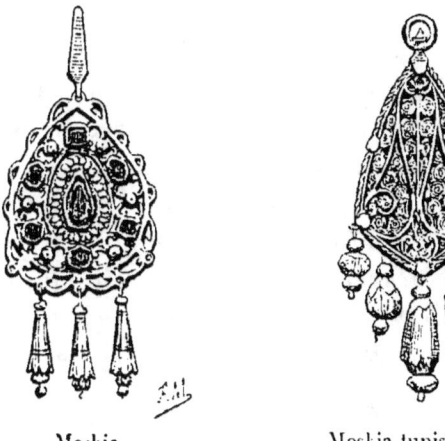

Meskia. Meskia tunisienne.

d'or. Quelquefois le motif principal de l'ornementation consiste en une rosace entourée d'arabesques.

Mes'out, pl. Mesâlit.

مسالت .pl مساوت

Anneau d'oreille de Constantine ayant la forme d'un brin de jonc tordu en cercle. C'est un gros fil rond tiré à la filière, terminé, d'un côté, par une tête aplatie, découpée en losange et percée d'un trou ; de l'autre, à sa partie inférieure, par un tiré plus fin de ce même corps, recourbé en spirale, formant anneau d'attache et point d'arrêt à une grosse perle en filigrane à douilles soudées. Cette perle baroque placée entre quatre autres, forme garniture. Un fil de soie sert de fermeture.

Messâk, pl. Mesâsek.

مساسك .pl مسّاك

Cette broche, genre *khelâla*, est un plané estampé recouvert de filigrane et d'appliques soudées. Aux extrémités sont serties des pierres fines. Ce bijou, de fabrication moderne et européenne, est destiné à la vente aux étrangers. On donne encore ce nom de messàk (qui retient), à de petits modèles de yatagans à la lame gravée et dont le fourreau, portant des appliques et des verroteries, se monte en broche. Ces fantaisies, pseudo-arabes, viennent généralement de Paris.

Messâk bel-helâl.

مسّاك بالهلال

Broche de Tunis entourée de petits croissants (*helâl*) Elle se confond avec la Khelâla.

Meterqa.

مطرفة

Marteau dont se servent les orfèvres algériens.

Mizân.

ميزان

Balance pour peser les bijoux.

Modâd.

مداد

Le bracelet de Touggourt, en argent massif, a la même forme que le Bou Khadoudj, mais il porte un gros bouton à l'extrémité de chacune de ses branches.

Mokhala, pl. Mekâhel.

مكاحل pl. مكحلة

C'est le nom algérien du fusil. Autrefois il était garni en argent avec des incrustations de nacre, de corail ou de métal précieux.

Mokhola, pl. Mokholât.

مكاحل pl. مكحلة

Flacon en argent servant à mettre le koheul. A Alger, ce flacon est travaillé au repoussé; à Tunis, il est généralement à surface unie.

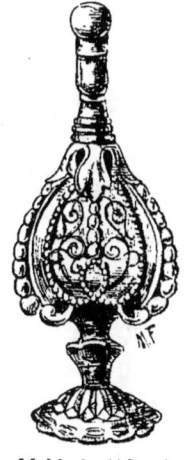
Mokhola (Alger).

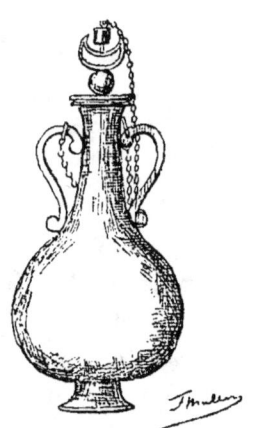
Mokhola (Tunis).

Mordjana.

مرجانة

Le nom du corail est mordjân ; celui d'un morceau de corail *mordjâna*.

Moumeni.

مومني

Pièce de monnaie carrée qui sert de breloque et s'accroche à la selsela de Djerba. Elle tire son nom de Abdel-moumen, le sultan almohade.

Mounkhâs, pl. Menâkhis.

منخاص pl. مناخيص

Garniture de haïk ou de melhafa. Ce bijou ancien et en argent est porté surtout par les nomades des environs de Tlemcen.

Mous Khetâna.

موس ختانة

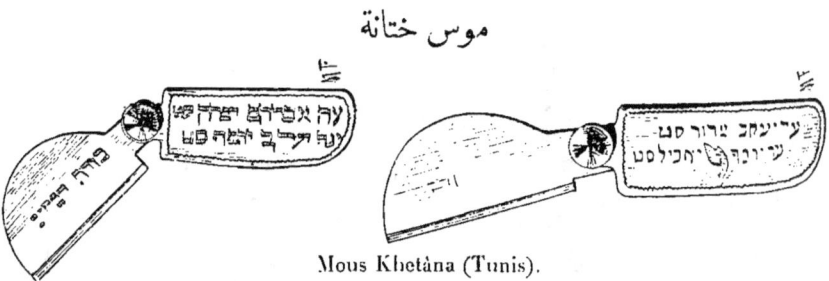

Mous Khetâna (Tunis).

Couteau pour la circoncision. Lame très large, manche court en argent gravé. *Mous* signifie « couteau » et *Khetâna* « circoncision ». Le sécateur pour cet usage s'appelle en langue hébraïque : *mayken*.

N

Nàb Tounès, pl. Nibân Tounès.

نيبان تونس .pl ناب تونس

CETTE boucle d'oreille emprunte à un bijou tunisien son nom qui signifie « dent de Tunis ». C'est un cercle en or avec, à l'une des extrémités, une plaque d'argent dans laquelle sont serties des pierres précieuses : émeraudes et rubis. Les beaux nàb ont une partie ornementale plus importante. Avec leurs rangs de perles ils rappellent la forme d'un poisson. Les arètes sont garnies de pierres précieuses. Dans la tête sont enchâssés des rubis et des roses. On fabrique à Alger le nàb de Tunis, mais il se trouve surtout à Tlemcen et à Oran. Ce bijou est fixé dans la chevelure par deux chaînettes d'or à crochets (qati na).

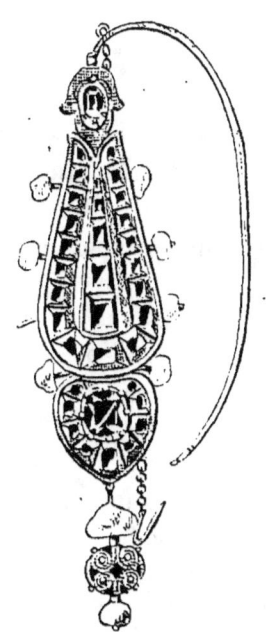

Nàb Tounès.

Naci.

ناصي

DIADÈME surmonté de diamants et à peu près le même que l'açàba d'Alger sauf qu'il entoure complètement la tête. Ce bijou, usité surtout dans le Hodna, porte dans certains endroits le nom de *Djebin*. Il ne diffère de l'açaba que par sa garniture de croissants surmontés de pierreries. Au milieu et sur la partie supérieure trois chaînettes se terminent chacune par une sorte de bzima, appelée *mengâch,* qui sert à fixer au sommet de la tête le naci (ou djebin) sur le mouchoir de soie. Au centre du mengâch est soudée une pierre fine, un corail ou un morceau de cire suivant les ressources du possesseur. Le naci est complètement en or. Sa valeur oscille entre 2 et 400 francs, lorsqu'il est en diamants. On le fabrique en Tunisie, en Tripolitaine ou en Arabie. Quelques rares familles de Bou Saada et des environs en possèdent. Son nom signifie « chevelure ».

Nebâbil plur. de nebboula.

نابيل pl. نبّولة

Bracelet creux renflé et comme soufflé à l'intérieur ainsi que l'indique son nom qui signifie « bulles de savon ». Le plus souvent il est en or avec deux rangs de fils tors soudés en bordure.

Nebila, pl. Nebaïl.

نابيل pl. نبيلة

Large bracelet de Djerba, ouvert, à graines à et dessins géométriques entourés, au milieu, d'un gros cercle en torsade. A Tunis c'est un bracelet de coupe ciselée (voir Meqiàsa Tounès).

Nedjema.

نجمة

Ce mot qui a le sens d'étoile désigne une œillère de la forme d'une rosace bombée. Quelquefois l'œillère est ovoïde. Derrière la face se trouve une boucle soudée pour

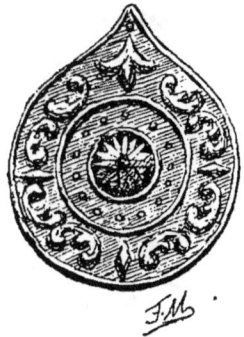

Nedjema.

passer la courroie. A Sétif, l'œillère s'appelle *medjma*. Les parties ajourées sont en relief.

Nehâs.

نحاس

Nom arabe du cuivre.

Nehâs ahmer.

نحاس احمر

Le cuivre rouge.

Nehâs el-medafa.

نحاس المدافع

Le bronze.

Nehâs Sini.

نحاس صيني

Le cuivre jaune.

Nesia.

نصية (؟)

Bijou ayant la forme d'une poire creuse. On l'accroche sur la tête et il glisse le long de l'oreille. C'est le même objet que la lendjassa.

Nouâcer.

نواصر

Pendants carrés au bout des chaînettes. Le singulier est ناصرى *nàceri*.

Nouâch, pl. Nouaouech.

نوّاش pl. نواوش

Parure de tête composée de trois plaques estampées parfois pleines ou découpées à jour. Elles sont percées chacune de huit trous. La plaque du milieu porte un crochet. Des chaînes jaseron, au nombre de quatre, relient les plaques entre elles. Elles sont garnies à leurs extrémités d'une boule de corail. Les deux plaques du bout portent chacune quatre chaînettes où pendent des croissants faits à l'emporte-pièce. Le même bijou, à peu près

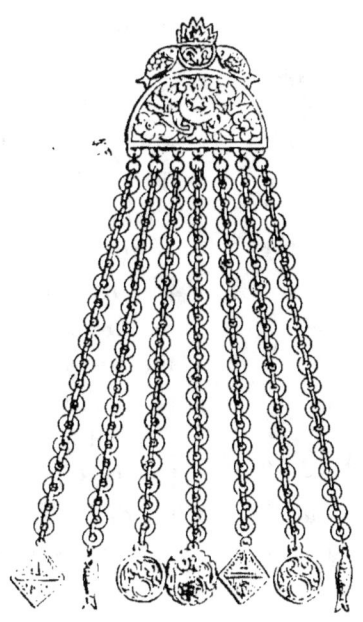

Nouàch (Moqnine).

semblable, se trouve dans la province de Constantine sous le nom de Anàdj, et se porte beaucoup dans l'Aurès.

Dans la région de Batna on appelle nouàch un pendentif rond en or découpé à jour comme une roue et enfilée dans une chaîne de jaseron qui entoure le cou; on en réunit trois pour former un collier. Le mot nouàch a d'ordinaire la signification de « bouffette, houppe, gland ».

A Moqnine le nouàch est un pendant de tête en or,

émaillé, de forme elliptique avec, au bas, cinq chainettes de pendeloques diverses en forme de disques, de carrés et de petits croissants. Ce bijou ressemble au *takfina* (voir Tigàr).

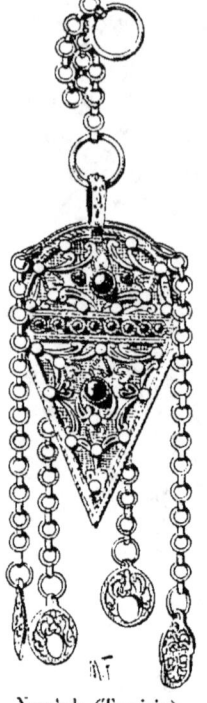

Nouàch (Tunisie).

A Tunis ce bijou de front a la forme d'un cerf-volant ou d'un gland de passementerie. La pièce principale a la forme d'une amande et présente, géométriquement, l'aspect d'un triangle surmonté d'un demi-cercle. Une zone de perles les réunit. Cette plaque est ornée de disques et de rinceaux en saillie. Au sommet de la plaque et au-dessous s'attachent des jaserons d'où pendent des mains, de petits helal. Un crochet et une chainette servent à fixer ce bijou dans les cheveux. C'est, en résumé la copie moderne de l'ancien porte-ciseau français.

Nougâren.

نوفارن

Plaque de ceinture kabyle.

O

Obâqel.

اباقل

Nom donné à Djerba aux sequins, terminant en breloques la *zouïna* (V. ce mot).

Ouarda.

وردة

Littéralement : « une rose ». Épingle à large tête de fleurs destinée à être piquée dans la chevelure comme une

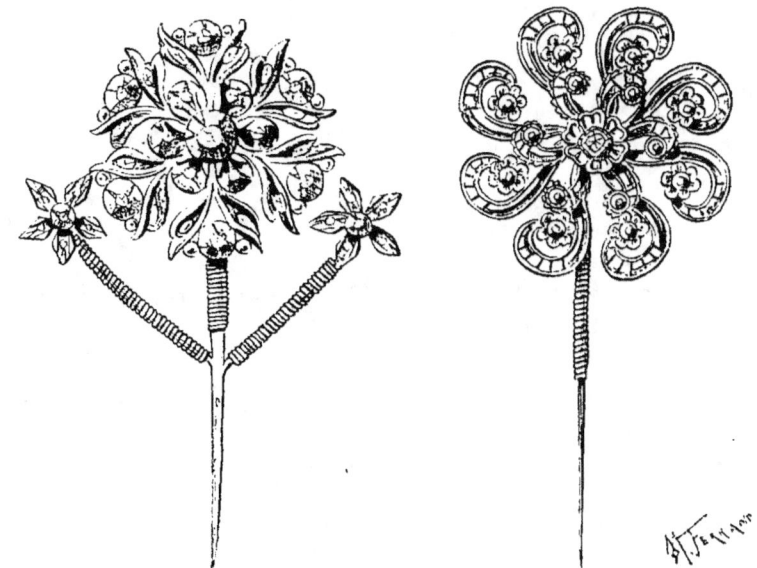

(Ouarda (Tunis).

aigrette. Elle est toujours montée sur une tige en argent

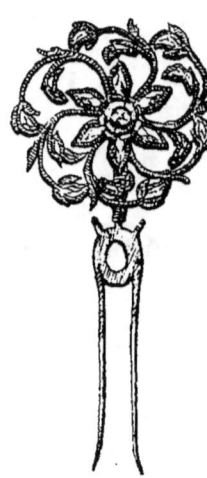

avec une spirale, sorte de ressort à boudin qui la rend mobile et trembleuse à son extrémité et fait scintiller les pierres. Elle affecte quelquefois la forme des boutons des habits de marquis au siècle dernier, boutons dans lesquels des cailloux du Rhin étaient enchâssés dans des montures en argent. On dirait, du reste, plutôt des marguerites que des roses. Sous le règne de Louis XIV les Précieuses portaient des épingles trembleuses que l'on appelait des papillons et qu'une longue tige fixait dans les cheveux. Dans ses « *Mots à la mode* » Boursault parle de « ces papillons qui, remuant toujours et jetant mille feux, paraissent voltiger dans les cheveux des dames ».

Oudenin.

اذنين

OREILLES et par extension ornement d'argent mis aux oreilles des chevaux.

Oudjâq.

وجاق

NOM arabe de la forge. Ce mot en Tunisie se prononce *ouzâq*.

Ouesqa (ou Ouechqa.)

وسفة

CASSOLETTE ronde et plate pour contenir l'encens.

Ounisa, pl. Ounaïs.

ونيسة pl. ونايس

A Moqnine ces boucles d'oreilles sont formées d'un grand fil d'or tordu en cercle ouvert pour passer dans l'oreille. Elles portent tantôt des appliques carrées, tantôt des ornements à dents de scie sur une partie du cercle, et quelquefois à l'intérieur et à l'extérieur, comme la *mecherfa* algérienne.

A Tunis c'est un ornement formé d'un grand anneau, terminé d'un côté, par un bout ornementé et de l'autre côté par une pointe. Ce bijou est fixé à la chachia.

A Tlemcen c'est un pendant d'oreille en or ressemblant au *ndb*, sauf qu'il n'a pas de chaine. Il est garni de sultani et surmonté d'un morceau de verre; il s'attache à la tête au moyen d'un fil de soie et encadre l'oreille. Il pèse quinze grammes.

Ounisa bou qrouna.

ونيسة بو فرونة

A l'une des extrémités du cercle de cette boucle d'oreille se trouvent des appliques qui rappellent un peu la tête du serpent. Quelquefois l'imitation du corps entier du serpent est très complète, mais fort rudimentaire. La tête avec des yeux d'émail tient, dans sa gueule ouverte, un anneau pour fixer le crochet de l'autre extrémité du cercle Le tout est émaillé. Bijou de Moquine.

Ouzâq.
Voir **Oudjâq.**

Q

Qaïd moumoum ou moummou.

فايد موموم

A Fez ce bijou auquel sont attachés deux rubans avec médaillons en or et pierres précieuses se met sur la tête. C'est le nom d'un bouffon du makhzen, ancien soldat de Moulay El-Hassan.

Qâleb, pl. Qouâleb.

فوالب pl. فالب

Nom du moule dont se servent les orfèvres arabes pour couler les bijoux.

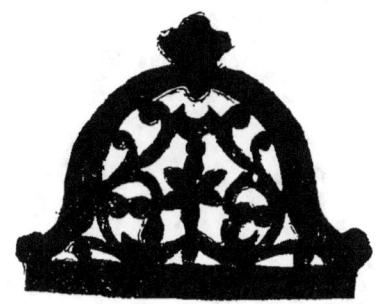

Qâleb (Moule en cuivre pour Takfina).

Qâleb pour bzima.

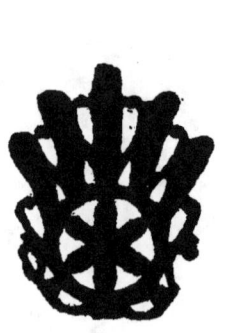
Qâleb pour khamsa.

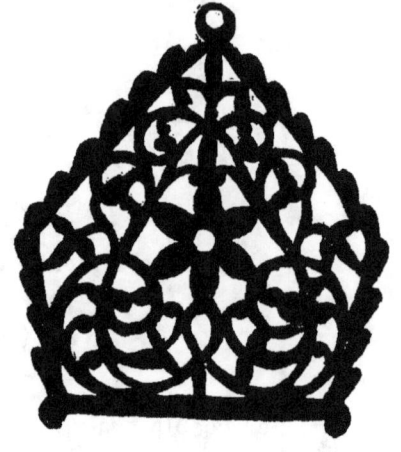
Qâleb (Modèle en cuivre pour fondre les anciens bzaïm de Teniet el Had).

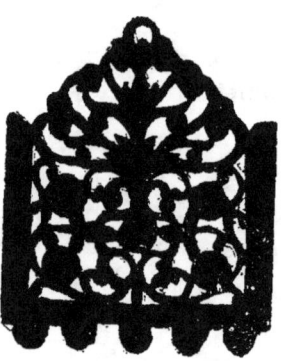
Qâleb pour asaba.

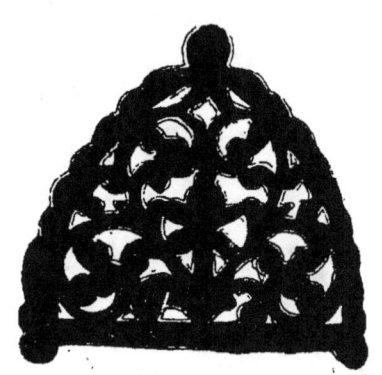
Qâleb pour Bzima.

Qaliech.

فلايش

AIGUILLE de tête en forme de petit sabre (*qaliech*).

Qamra.

قمرة

Pendant de front de Djerba. Plané d'argent rond; attache recourbée, émail bleu-vert, dans les cloisons. Inscrite dans le cercle, une étoile à sept pointes émaillées avec galon Kabyle et formant des triangles touchant

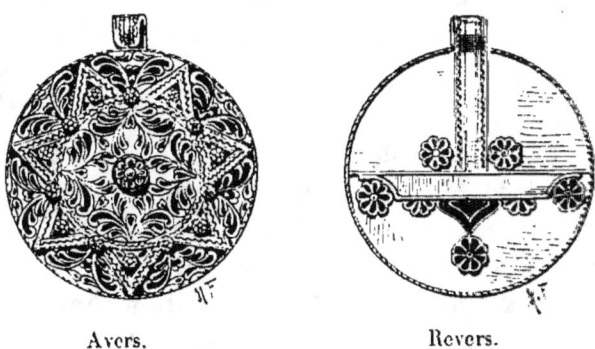

Avers.   Revers.

la circonférence. Au centre un gros clou mauresque ajouré au milieu de rinceaux et de palmes. Au revers une applique droite posée en T et agrémentée de rosaces émaillées.

Qandil.

قنديل

Chandelier. Il s'appelle encore *mesbâh* et *hasseka*. Ceux qu'on rencontre actuellement, même anciens, paraissent d'importation italienne.

Qandila.

فنديلة

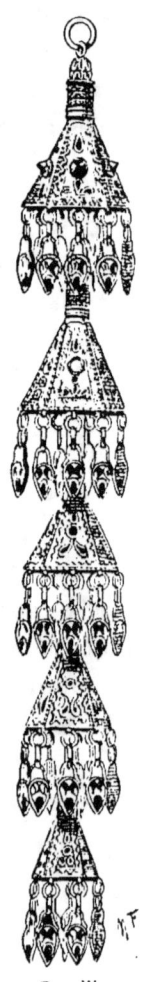

Qandila.

Bijou de Djerba. Pendant de tête en or émaillé d'une longueur de 10 à 20 centimètres. Grappe de trois à cinq petites pyramides tronquées à six pans semblables à des clochettes de grosseur graduée. Chaque pièce est ajourée et munie d'un petit tube ou un bouton qui les relie entre elles. A leur base pendent des annelets où s'accrochent des pampilles plates découpées en forme de cadenas ou feuilles émaillées. La première pyramide porte sur chaque face, en cabochon, des pierres précieuses, remplacées le plus souvent par un morceau de verre de couleur. Les autres n'ont pas de cabochons. Ornementation générale : des disques, des palmettes et des entrelacs. Son nom de *Qandila* vient de la forme des pyramides qui ressemblent à des lanternes.

Qanoun.

فانون

Mot turc. Clavecin primitif ou instrument de musique à cordes et à clavier. L'exécutant tient entre deux doigts dont l'extrémité est recouverte d'une sorte de dé en or, un morceau de plume d'oie ou une lamelle très mince de bois avec laquelle il pince la corde. Cet instrument est d'origine turque. Les femmes en jouent beaucoup dans les harems de Constantinople.

Qartaboun.

فرطبون

L'ÉQUERRE.

Qartona.

فرطونة

Bijou de Tunis formé d'une série de chaînes réunies par les deux bouts au moyen de deux barrettes avec anneaux.

Qasbet fodda.

فصبة وضّة

Bijou de femme arabe en forme de tube et porté en collier.

Qelâda, pl. Qelaïd.

فلايد .pl فلادة

Se dit de tout collier, aussi bien de celui d'un animal que de la chaîne d'or que porte une femme et à laquelle pendent des cassolettes ou des boîtes pour amulettes. On emploie également ce mot dans le sens de baudrier ou porte-sabre. Le bijou de ce nom est une chaîne faite avec du jaseron en or ou en argent qui vient d'Italie et le plus fréquemment de France où elle fut fabriquée au XIV° siècle pour les jazerans qui ornaient jadis la cotte de mailles.

A la chaîne s'ajoute souvent un certain nombre d'ornements. Chez les Mozabites la garniture de la *qelàda* se compose : de trois harz, boîtes carrées qui peuvent s'ouvrir ; de deux megrouta, boîtes triangulaires fermées ; de djaaba, ou boîtes cylindriques avec couvercle pour renfermer les talismans ; de deux ketab ; de deux petits berzouàn « tubes » ; de deux khelàla ou épingles qui servent à attacher le collier ouhaïk. En tout treize pièces. Cette parure, appelée encore *taglid,* est de nos jours le collier préféré des femmes mozabites qui aiment, comme jadis nos grandes dames « les boistes à porter au col ».

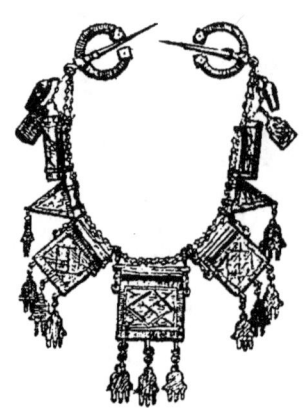

Qelàda (Mozabite).

D'autres fois et ailleurs, la qelàda se compose d'une boîte centrale rectangulaire en or au-dessous du titre avec une plaque formant un hexagone régulier. Ses ornements d'argent sont des branchages, des marguerites, des S accolés dans lesquels sont serties des roses. De chaque côté de la pièce centrale une étoile plate en alliage d'or et de cuivre avec 6 pointes ornées de feuillages en argent et au centre une marguerite sertie de roses. Enfin aux extrémités du collier deux écussons à pointes en or également à bas titre ; en relief des branchages en argent.

Les anciennes *qelàda* étaient en or au premier titre, d'une très grande richesse, recouvertes de diamants. Presque toujours sept pièces au moins étaient attachées à la chaîne en jaseron. — Dans la campagne marocaine le mot qelâda s'applique à un collier composé de pièces de monnaie. — A Tunis il se dit surtout des chaînes portant une cassolette ou une amulette pour les fillettes, les petits garçons et les bébés.

Qemar.

قمر

Le mot arabe, qui signifie « lune », désigne également un croissant en diamants. Le qemar n'est pas à proprement parler un bijou entier, c'est plutôt une partie ornementale. La fabrication à laquelle il donne lieu est d'ailleurs plus importante en France qu'en Algérie. C'est aussi le nom du croissant des drapeaux. Il est alors d'une assez grande dimension avec une grosse boule formant l'extrémité de la hampe. Le plus souvent cet ornement décoratif est uni et sans aucune gravure. Le terme le plus employé pour désigner le croissant est le mot *helâl*.

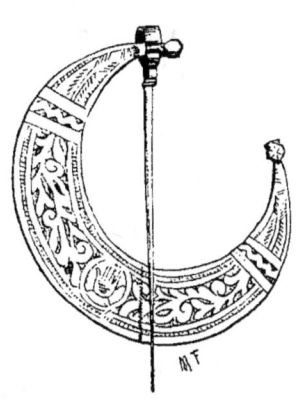

Helâl.

Dans l'île de Djerba une broche en argent porte le nom de *helâl*. C'est un plané, mince, découpé en premier croissant, se terminant par deux boules. La plaque porte des arabesques gravées se terminant en corne d'abondance. Ce bijou s'accroche au vêtement à l'aide d'une longue épingle.

Qeraa.

فرعة

CE nom, qui signifie « courge » ou « gourde », sert à désigner un bijou ayant la forme du bidon de nos soldats. Quelquefois en ambre, souvent en filigrane d'or ou d'argent doré, on le suspend au bout d'un collier formé d'anneaux plats en or, soudés un par un. Ce collier est souvent remplacé par une chaîne fixée par des bzaim au corsage des femmes indigènes de chaque côté de la poitrine.

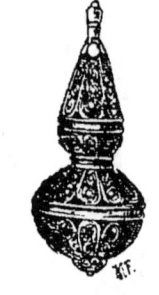
Lendjassa.

Le mot le plus usité pour désigner ce bijou est *lendjassa*. On le nomme aussi *qeria* qui est le diminutif de *qeraa*.

Qeria.

فريعة

Voir **qeraa**.

Qesob, pl. Qesouba.

فصوبة pl. فصب

ORNEMENT destiné à être enfilé dans un collier. Il se compose d'une partie hémisphérique ajourée, entièrement moulée. A cette partie se trouve adaptée par soudure un tronc de cône allongé, formé d'une feuille laminée, guillochée ou repoussée. Chacune des extrémités du cône est garnie d'une rondelle laminée, soudée au corps de la pièce. Une suite de qesob enfilés à un fil d'argent constitue un collier d'un usage fréquent à Batna et dans l'Aurès. *Qesob* veut dire roseau.

Qeteb.

فتب

Collier dont la chaine est du jaseron français. Il est fixé au vêtement par deux bzaim. A son extrémité pend une grande boîte plate, carrée et ajourée qui renferme souvent des objets vénérés. Il est généralement en argent. On en trouve cependant quelques-uns en or avec des pierres fines. Il en existe avec des chaines composées de morceaux plats découpés qui se fabriquent à Chellala.

Qetina, pl. Qetinât

فطينة pl. فطينات

Chaine mentonnière en or comprenant plusieurs rangs d'anneaux aplatis au marteau et soudés puis réunis aux extrémités par deux crochets ajourés et terminés par une tige recourbée. Une chainette en jaseron porte une breloque ayant quelquefois la forme d'un poisson. Cette parure encadre le visage et tombe sous le menton. Elle s'attache au mouchoir de tête, de chaque côté des tempes. Valeur : 2 à 300 francs. A Tunis c'est une grande chaine tressée comme une corde qui se passe autour du cou et retombe sur la poitrine. Elle a aussi souvent trois rangées de maillons. *Qetina* ou *qatina* est l'italien *catena*.

Qezzoula.

فزّولة

Sorte d'instrument servant aux Aïssaouas. Avec sa pointe ils font sortir l'œil de l'orbite. C'est une grosse boule montée sur une tige avec pendeloques comme ornements. L'aïssaoua fait tourner cet instrument rapidement pour produire une sorte de mirage qui l'hypnotise. D'ordinaire le mot *qezzoula*, prononcé *guezzoula*, signifie une « massue ».

Qlabtân.

فلابطان

Nom du filé d'or ou d'argent.

Qofla.

فقلة

Bouton d'habit grossièrement travaillé, en argent, de la grosseur

Qezzoula.

d'une perle et qui sert d'ornement aux manches. C'est également le nom du fermoir d'un collier.

Qolla.

فلّة

Porte-menu formé d'une petite cruche dont l'anse est fendue pour y placer le carton. L'ornementation de style rocaille se compose de fleurettes repoussées sur du plomb. La création de cet objet est de date toute récente. Il n'a rien d'arabe et ne se fabrique que pour la vente aux Européens et aux touristes. La forme de la cruche (*qolla*) est celle dont se servent les porteurs d'eau d'Alger.

Qostebina.

فسطبينة

A Alger, dé à coudre.

Qotba.

فطبة

Nom donné à Moqnine à une série de trois losanges avec appliques, suspendus par un cordonnet (Voir Gotba et Bou-Malia).

Qronfela, pl. Gronfelât.

فرنفلات pl. فرنفلة

A Tunis, épingle à cheveux qui, comme son nom l'indique, a la forme d'un œillet monté sur ressorts. C'est la ouarda d'Alger à laquelle on donne ailleurs le nom de *qronfela*.

R

Ra'âcha, pl. Ra'achât.

رعاشة .pl رعاشات

CROISSANT que l'on appelle *qemar* à Alger. Son nom signifie « trembleuse ». A Tunis ce bijou, ainsi que le

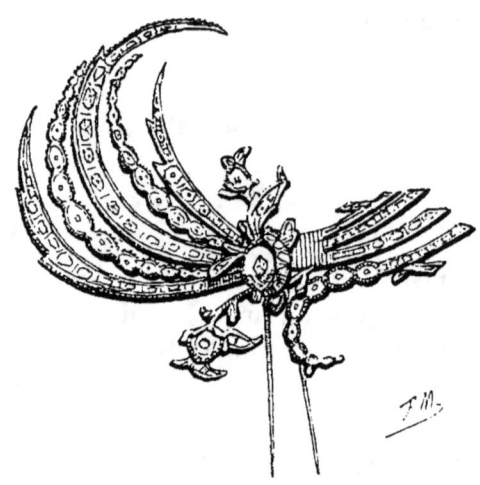

montre le dessin ci-joint, n'est à vrai dire qu'un épi, une broche ou une gerbe de fleurs en pierres précieuses.

Râs.

راس

PAR ce mot qui signifie « tête », on désignait le bonnet de velours bleu des enfants juifs ou bien le fond de chachia des femmes indigènes. Ce fond était cousu sur la calotte (chachia). Il était formé par des entrelacs d'argent dans lesquels étaient enchâssées des pierres précieuses

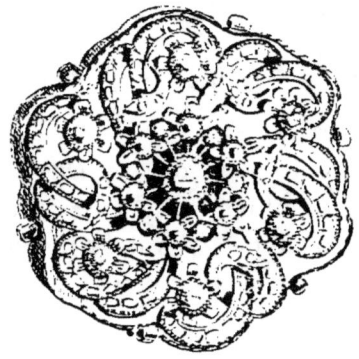

Ras chechia (fond de calotte).

mal taillées (rubis, émeraudes, saphirs). Le ràs était adopté par les femmes mariées, mais jeunes; les femmes âgées portaient la *sarma*.
Un beau ràs était orné de branchages d'argent à jours avec des incrustations de diamants ou d'émeraudes, de rubis et de roses. Le tour de la chachia avait souvent une garniture de sultani, aussi n'était-il pas rare de voir pareille coiffure atteindre le prix élevé de cinquante sultani et plus. Cet ouvrage de joail-

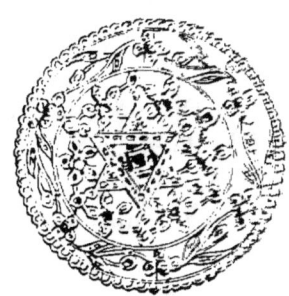

Ras ou koufiya.

lerie n'offre plus qu'un intérêt rétrospectif; il est complètement délaissé à notre époque. — Le mot ràs désigne parfois la tête de la bride. — On appelle, aussi ras, en Algérie, une coiffure en velours ayant la forme d'un chapeau chinois recouvert d'une armature découpée en or ou en argent — A Tunis on l'appelle Koufiya.

Ras el-Khelkhal.

راس الخلخال

A Djerba c'est tantôt un collier de coraux carrés semblable à un chapelet; tantôt un collier en argent ou en or émaillé ayant la forme de têtes de Khelkhal reliées par du corail.

Ras Kheizrana.

راس خيزرانة

Pomme de canne. Littéralement tête de bambou. Pas à l'usage des Arabes qui préfèrent la matraque. Elle est fabriquée avec ornements repoussés. — Un habile orfèvre de Tlemcen, Mohammed ben Kalfate en a ciselé de remarquables. — A Sétif on en fait aussi pour les Français.

Rebâb ou Rebâba.

رباب (ou ربابة)

Espèce de viole à 2 ou 3 cordes. L'archet est couvert d'une lame d'or ou d'argent surmontée d'une pierre fine. C'est l'instrument préféré des Arabes; il sert pour la danse du ventre et se joue assis. Le bout de l'instrument est appuyé sur le sol et l'archet marche horizontalement. Les Malgaches se servent d'un instrument très rudimentaire dont le nom Bobre a presque la même consonance.

Rebât el-mokhala.

رباط المكحلة

GARNITURE de la crosse de fusil en argent; mot à mot « attaches du fusil ».

Rebta voir Robta ou robtet.

Redif, pl. Redaïf.

ردايب pl. رديب

ANNEAU de pied, toujours plein, en or ou en argent, formé le plus souvent de trois fils ronds, assez gros, tressés ensemble, mais, parfois aussi, réduit à une tige en métal précieux, sans soudure, entièrement travaillé à la main et flexible. Aux extrémités, des têtes de serpents, de dauphins ou d'autres animaux. Quand le redif est ouvert la fermeture est assurée au moyen d'un anneau adapté à l'une des têtes et par un crochet à l'autre. Tandis que le redif de Constantine présente des têtes plates et carrées, celui

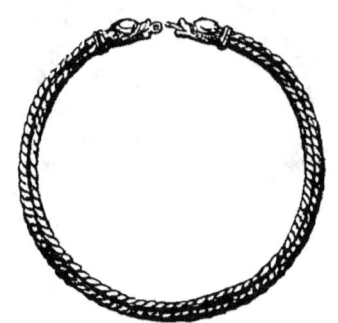

Redif en tresse d'or.

d'Alger est ornementé le plus souvent à ses extrémités de têtes rondes. Dans les redifs anciens, en or, ces têtes sont régulièrement fourrées d'argent; quand au corps du bijou lui-même, l'or employé est à 750 millièmes. Jusqu'ici le redif s'est peu transformé ; on continue à le fabriquer sur une grande échelle. Du poids de 50 grammes environ ce bijou est vendu au taux de 3 fr. 05 le gramme. En beaucoup d'endroits, redif est synonyme de Khelkhal. — Cet anneau de pied était connu des Gallo-Romains et des Phéniciens, mais chez ces derniers il n'était pas tressé. Les juives, après l'avoir beaucoup porté autrefois, l'ont abandonné complètement de nos jours.

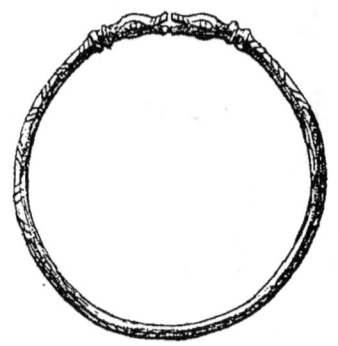

Redif (Constantine).

A Tlemcen ce bijou, modèle du Maroc, est à charnière fermée par une goupille retenue par une chaînette. Il est formé d'un plané d'argent de cinq centimètres de large

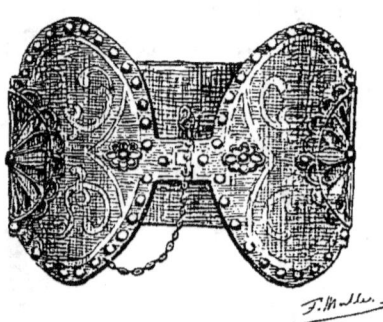 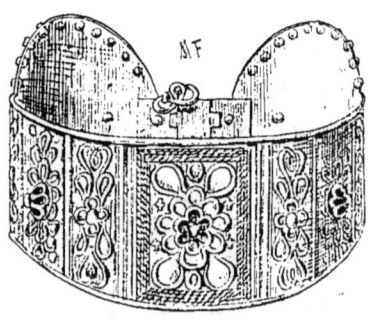

Redif de Tlemcen.   Redif de Tlemcen.

environ, en ligne droite d'abord puis en partie cintrée ensuite. Il est revêtu d'émaux polychromes et d'appliques diverses à dessins variés. *Redif* veut dire soldat monté en croupe du cavalier. Cet anneau est en effet souvent porté à la cheville au-dessus du Khelkhâl.

Refafed.

رفافد

A Fez on appelle ainsi des pièces d'or attachées les unes à côté des autres sur un ruban que les femmes placent sur les tempes.

Rekâba, pl. Rekâbat ou rekaïb.

ركابة .pl et ركابات et ركايب

ÉTRIER. Quand il est guilloché, gravé, martelé, niellé, il prend le nom de *rekâba mengoucha* (étrier ciselé), au pluriel *rekabât mengouchin*.

Remounîm.

MOT hébreu dont on se sert pour désigner dans les synagogues un ornement qui s'adapte au rouleau des Tables de la loi de Moïse. On en fait en bois (Tunisie).

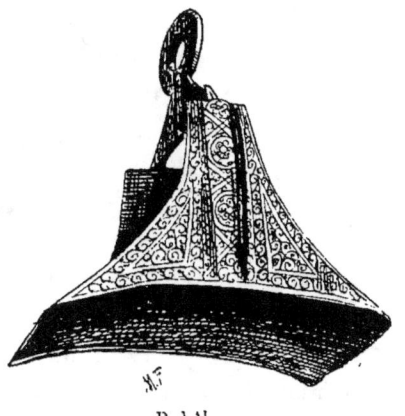
Rekâba.

Resâsâ.

رصاصة

NOM arabe du plomb.

Rezza.

رزّة

La charnière des coffres.

Rihana.

ريحانة

Collier de Tunis formé de très grands anneaux ronds et très plats, en or. Ce collier est plus long que la *selsela*.

Rihana (Modèle de maillons).

Robtet el-djouher.

ربطة الجوهر

Littéralement: « botte de perles ». Ce bijou se compose d'un ou plusieurs rangs de perles. Au bout de ce collier se trouve une petite *meska* faite d'étoffe de soie, ayant la forme triangulaire et qui contient du musc. Cette parure coûte très cher.

Robtet el-mokhala.

ربطة المكحلة

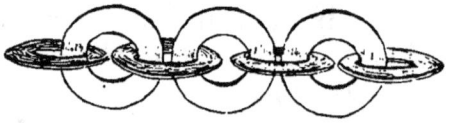

Robtet el-mokhala.

Capucine de fusil, en or ou en argent.

Robta touïla.

ربطة طويلة

Bijou de Moqnine (« gerbe longue »). Plaque gravée, en or mélangé de cuivre, découpée en demi-cercle, à laquelle se relient cinq rangs de cœurs en ambre. Au bout

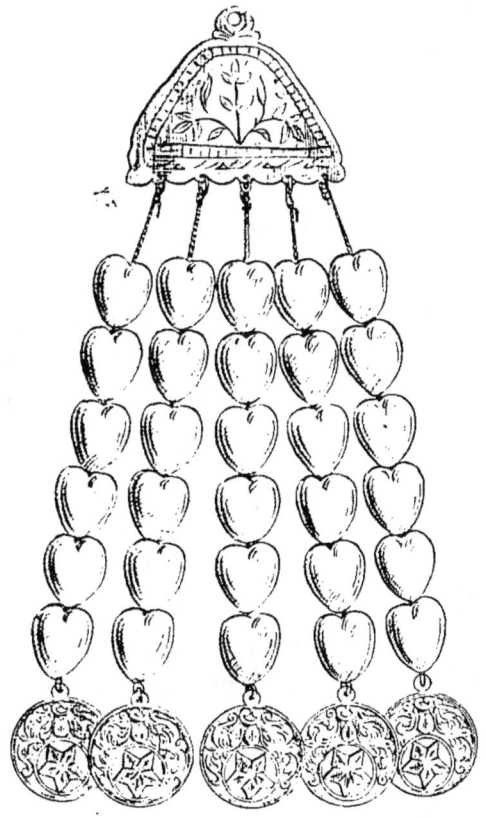

Robta touïla.

pendent des disques planés ajourés en or très bas, dits *helâl*, pl. *helâïl* (croissant de la lune) et décorés d'arabesques. Dans chaque cercle une petite circonférence tangente renferme un polygone étoilé régulier à cinq pointes. Ce bijou ressemble, mais de loin, aux anciens colliers égyptiens.

Rommâna.

رمّانة

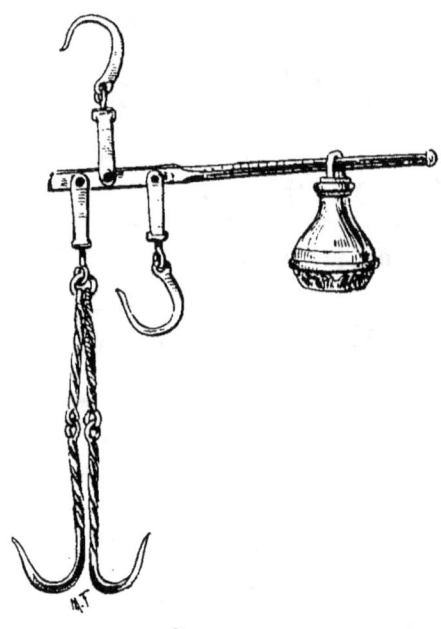

Rommana.

ROMMANA veut dire grenade. C'est peut-être l'origine du mot *romaine*. Les orfèvres pèsent souvent les bijoux avec une petite romaine.

Rous nouâcer.

روس نواصر

BRELOQUES de Tunis en forme de losange, servant fréquemment dans l'ornementation des bijoux. Prend son nom du *nasri*, aspre ou pièce de monnaie à l'effigie de En-nâcer.

S

Sabaq.

ساباق

Espèce de breloque pendant au mouchoir que les femmes arabes portent sur la tête.

Sarma.

صارمة

Coiffure métallique ayant la forme d'une tuile à jours et se posant horizontalement sur la tête, garnie, au

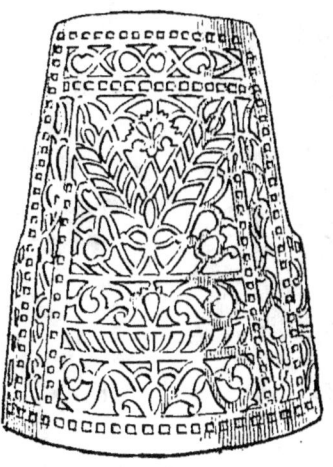

Petit sarma.

préalable, d'un foulard noir pour les juives et de couleur

pour les mauresques. Les premières ne pouvaient les porter qu'en argent. Cette parure longue et demi-cylindrique, a une grande ressemblance avec les coiffes bretonnes en dentelles. Elle servait à fixer une étoffe qui pendait derrière en longue traîne et se composait de quatre morceaux : d'abord le corps principal du bijou qui a souvent près d'un mètre ; puis, une calotte placée derrière la tête ; enfin, de chaque côté des joues, deux plaques rappelant celles qui garnissent le chef des hollandaises de la Frise. Toutes les pièces de la sarma sont ajourées à l'emporte-pièce, pour n'être ni trop chaudes, ni trop lourdes. Comme ornementation, des fleurs et des grillages ; souvent, au centre, un motif s'épanouit rappelant un peu les grandes feuilles du palmier. Avec cette coiffure les femmes ressemblaient à Isabeau de Bavière portant le *hennin*. Les fillettes n'avaient le droit de prendre la sarma et des queues d'or que lorsqu'elles devenaient nubiles, c'est-à-dire vers leur neuvième année.

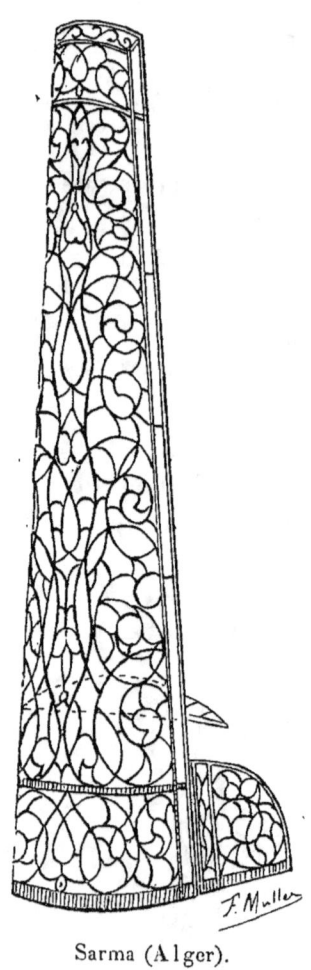

Sarma (Alger).

Elles avaient souvent, pour les fêtes, sur une chachia pointue, une petite sarma droite en or ayant la forme d'un cône tronqué, surmonté d'un plateau hémisphérique. Dans les mailles, leurs mères piquaient des ouarda ou épingles trembleuses. En 1789, Venture de Paradis décrivait la sarma de la façon suivante : « Un plateau d'or ou d'argent travaillé et ajouré, cousu sur un morceau d'étoffe. Ce plateau est en deux morceaux : celui qui couvre la tête et celui qui, ceignant le front, vient se lier par derrière. Cet ornement est encore assujetti par un bandeau de crêpe de couleur, couvrant la moitié du front. La sarmah est un objet de sept à huit cents livres et même de mille livres (cent sequins algériens). Une femme riche met, au lieu de bandeau de crêpe, un assabé, qui est un bandeau en or, incrusté de perles, de diamants et d'émeraudes. »

Depuis une quarantaine d'années cet ornement de la toilette des femmes a cessé d'être porté. La sarma n'est plus qu'un objet de collection en Algérie, mais elle est encore en usage en Syrie où elle porte le nom de *tantour*.

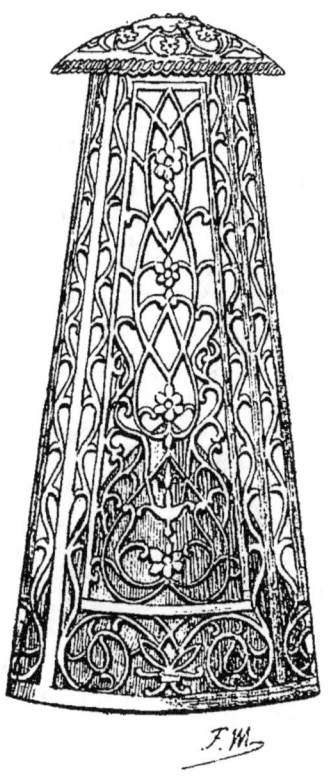

Sarmah portée par des fillettes.

Sebsi.

سبسي

Pipe de fumeur d'opium. Le manche en melchior est travaillé au repoussé et ornementé de petites chaînes d'argent. Le fourneau est d'ordinaire en cuivre.

Sedâq el-fodda.

صداق الفضّة

Les Kabyles désignent ainsi l'ensemble des bijoux en argent qui forment le don nuptial et que la femme met quand elle est mariée. Aucun bijou kabyle n'est en or, tous sont en argent ou en métal blanc. La femme kabyle accompagnait son mari à la guerre pour exciter son courage au moment du combat et elle se parait alors de tous ses bijoux (sedâq el-fodda) pour rehausser sa beauté.

Sefaïah.

صفايح

Broche formée de plaquettes en losanges superposées. S'accroche aux cheveux avec la teklil. Bijou de Djerba qui porte le nom de gotba à Tunis.

Sefifa.

صفيفة

Bijou de tête à Fez, en or ou en argent, assemblage de pièces au galbe varié. Tantôt c'est une fleur sur sa tige ou une étoile surmontant une pièce ovoïde ou bien encore un croissant au-dessous duquel s'étage une étoile portant un globule au centre. Tantôt une sorte de petit édifice, de minaret au toit arrondi et l'imitation d'un hibou à tête ronde ou de l'aigle héraldique à deux têtes. La petite sphère, parfois surmontée d'un triangle est placée au dessous de la fleur qui, parfois aussi, est renversée et posée au-dessous de l'étoile. La décoration de

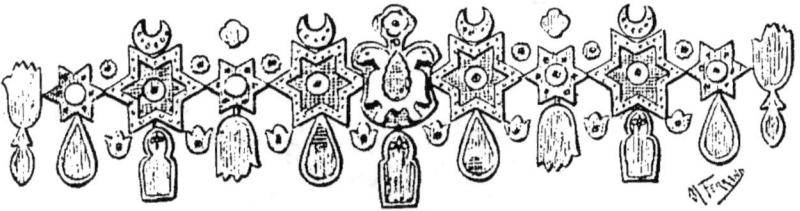

Croquis d'une variété de Sefifa.

la sefifa est très riche. Ce bijou est littéralement constellé de pierres précieuses. L'étoile est souvent entièrement en perles. Parure marocaine dans le genre de l'Açaba d'Alger.

Sefihet el-Kabous.

صفيحة الكابوس

INCRUSTATION en argent sur le bois des pistolets. Le mot *sefiha* est le nom de la platine et signifie « plaque ».

Sehla.

سحلة

GENRE de plaque s'adaptant aux épaules.

Sekhâb, pl. Sekhâbât.

سخاب .pl سخابات

TERME générique du collier à Constantine. Il y en a qui ne sont que des assemblages d'hassek, de mains et de bezouàn. D'autres sont formés de boules de corail alternant avec des hassek en filigrane d'or enfilés à un cordonnet de soie. A ce collier sont suspendus, par des

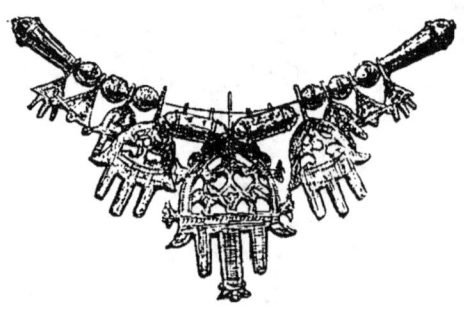

Sekhab avec assek, Khamsa, Berzouan (Collier avec boules, mains et tubes).

attaches d'or, des sultani rappelant les pièces de monnaie, mais obtenus à l'emporte-pièce sur des feuilles d'or. Une frappe spéciale y grave des deux côtés des inscriptions arabes en relief. A Alger ce mot s'applique aussi à tout ce qui peut se mettre au cou; mais on s'en sert pour désigner, spécialement, un collier de graines parfumées, faites avec une pâte odorante composée tantôt de clous de girofle, tantôt de musc ou d'autres ingrédients. A Tunis c'est un collier d'ambre noir avec garnitures d'or ou d'argent. Il est formé d'une enfilade de petits morceaux d'ambre ronds, carrés ou en forme de hache. Quelquefois on y ajoute des perles.

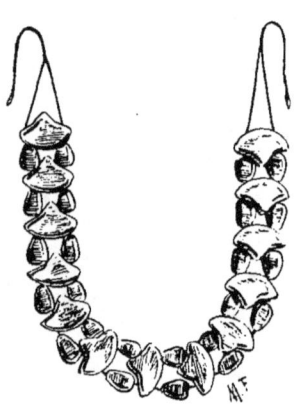

Sekhâb (Tunis).

Selloum.

سلّوم

Pendeloque. Ce mot veut dire « escalier ou échelle ».

Selsela.

سلسلة

Ce mot, prononcé aussi *sensela*, désigne un ensemble d'anneaux — toutes les chaines en or ou en argent que l'on passe autour du cou. On met souvent aux extrémités de cette chaine des bzaïm ajourées et quelquefois on y laisse pendre une lendjassa.

A Tlemcen c'est une chaine d'or ou d'argent qui s'enroule autour de la tête. Elle est formée d'une série d'anneaux doubles, allongés, très minces, soudés les uns aux autres. A la partie médiane se trouve suspendue une plaque en forme de cœur. Les ornements à la main sont rudimentaires.

A Djerba c'est une chaine simple en or ou en argent dont les motifs ressemblent à des olives taillées et que l'on porte en sautoir. Les maillons sont aplatis.

A Tunis ce nom s'applique seulement aux chaines à maillons quel qu'en soit le type.

Selsela bel-mordjan.

سلسلة بالمرجان

Chaine en usage en Tunisie, faite de morceaux de corail. Mordjân signifie « corail ».

Selsela bel-yamant.

سلسلة باليامنط

Chaine de Tunis avec coulant ; garnie de diamants et de glands avec perles. Paraît bien peu d'origine arabe.

Selsela bet-teftif.

سلسلة التفتيف

Chaine avec breloques qui produisent un cliquetis, en arabe teftif, qui n'est qu'une onomatopée.

Seni.

Grand plateau circulaire en cuivre gravé d'ornements divers et de caractères arabes. On le posait jadis sur un support en bois peint ou sur une petite table incrustée de nacre. Sur ce plateau se mettaient tous les plats du repas, le couscous, les salades, les pâtisseries, mais il n'était pas employé pour servir le café, qui était toujours présenté sur une *senioua* (diminutif de seni). Cet objet appartient plutôt à la dinanderie qu'à l'orfèvrerie, car il se faisait toujours en cuivre rouge étamé fortement. La religion musulmane interdit en effet les pièces d'argenterie pour le service de la table. Mais quelques voyageurs en ont fait exécuter en argent.

Des plateaux unis, en cuivre, de grande dimension, et venus de Damas ou du Khorassan sont travaillés à Alger

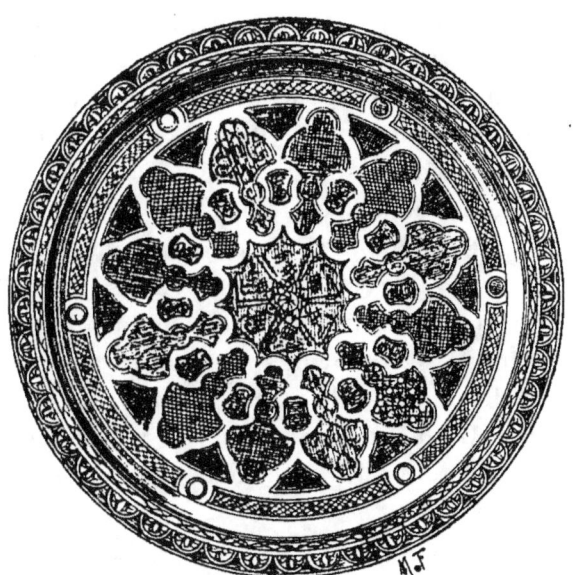

Seni (Modèle syrien).

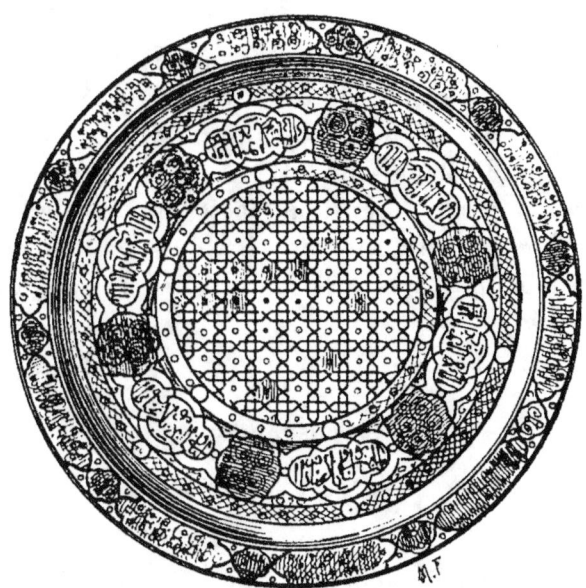

Seni (Modèle syrien).

par les Syriens, qui les gravent au poinçon-clou, sous les yeux du public, suivant leur inspiration et les couvrent de traits géométriques, rosaces, cercles, entrelacs. Quelques riches hiverneurs ont voulu les avoir en argent avec des incrustations de fils d'or.

Au Maroc, on fait des plateaux plus légers, travaillés au repoussé. La périphérie est ornée de festons. Des inscriptions sont placées dans des cercles concentriques. Certains de ces plateaux portant le nom d'El Djezaïr, il est à croire qu'ils sont, par des marchands algériens, commandés au Maroc et qu'ils y font mettre leur nom. Il en vient aussi d'Allemagne sur blanc et sur cuivre. On en a fait, dit-on, en argent pour satisfaire la fantaisie de certains collectionneurs.

Senidqa.

صنـدقة

Diminutif de *sendouq*, « coffre, boîte » ; c'est le nom de la tabatière, petite boîte en or ou en argent dont se servent les gens riches, bien que l'usage du tabac soit réprouvé par les fanatiques. Les Arabes des villes ont une tabatière en corne ou en bois, mais chez les Bédouins on emploie plus habituellement un étui en roseau fermé avec un tampon. Dans l'Est et à Tunis, la tabatière s'appelle *hoqqa*.

Sensouna.

سنسونة

Épingle à plusieurs chaînes, pendant sur le dos et portée en Tunisie.

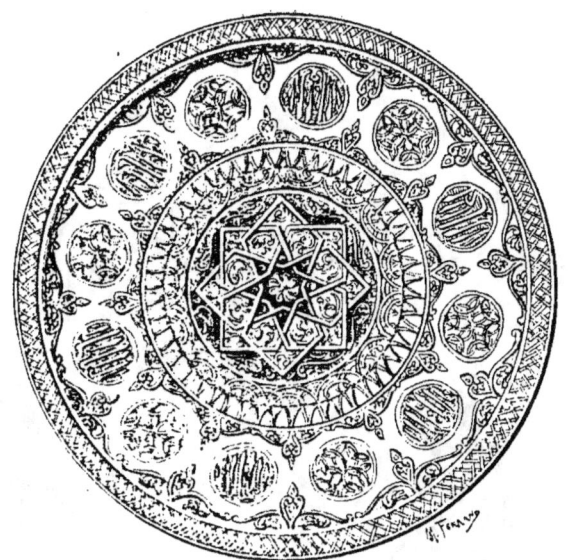

Seni (Modèle de Syrie).

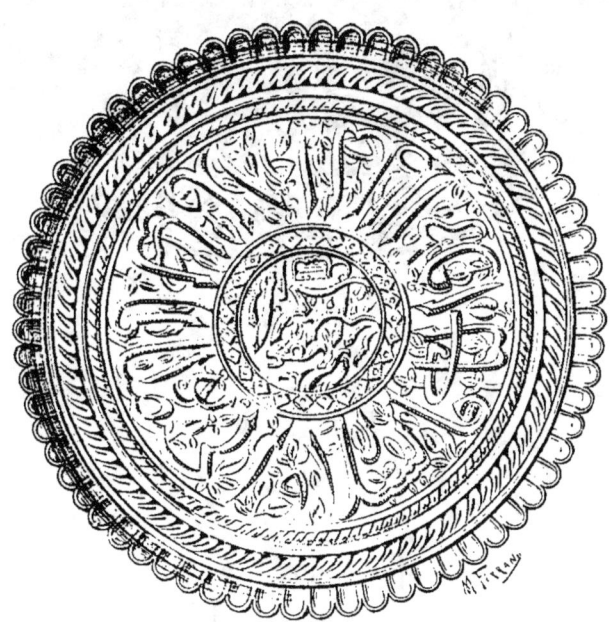

Seni (Travail marocain).

Serdj.

سرج

SELLE arabe brodée d'argent ou d'or. On ne la voit plus guère que dans les fantasias et les fêtes publiques.

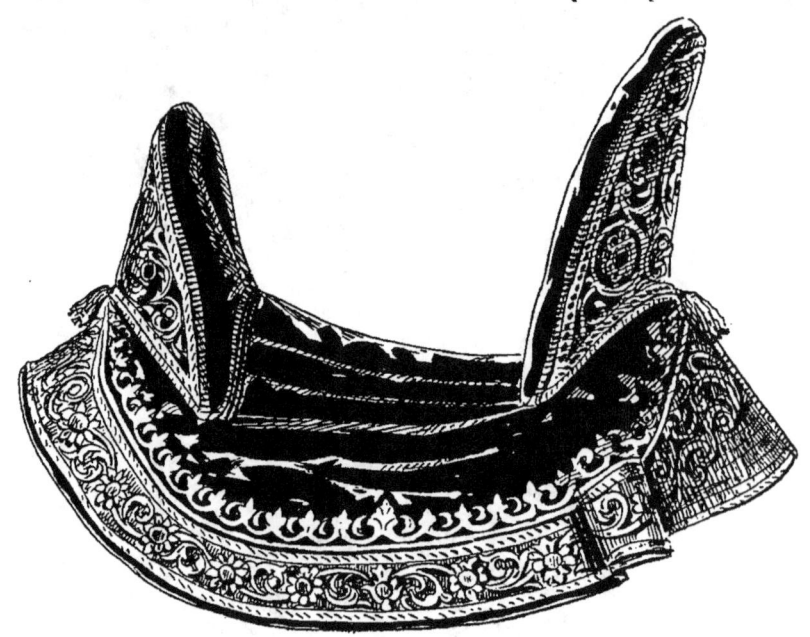

Serdj.

Serdouk.

سردوك

CE joyau qui s'appelle aussi *djadja,* poule (دجاجة) est devenu très rare, car il ne se fabrique plus. Bien que son nom signifie « coq », il ressemble plutôt à ces chauves-souris aux ailes éployées que l'on voit quelquefois clouées sur les portes à la campagne. Décoré de rinceaux d'or incrustés de pierres précieuses, tantôt il se porte avec une chaîne comme une plaque de corsage, tantôt il se fixe à l'aide d'une épingle ainsi qu'une *ouarda* dans les cheveux. Cet ornement, ajouré comme certains fonds de chachia, atteignait une grande valeur. On ne le retrouve plus guère qu'en Tunisie. Il rappelle l'ancien « pend à col historié » d'Anne de Bretagne.

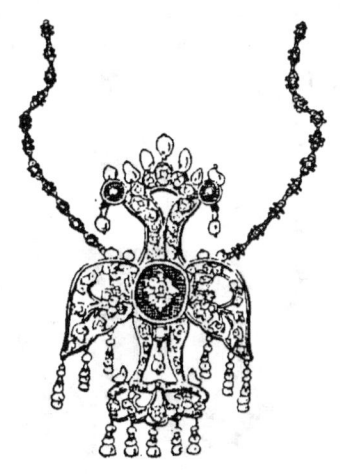

Serdouk.

Serima.

صرية

BRIDE pour l'âne et le mulet. Il en est de brodées d'or ou d'argent. Le mors et les boucles sont quelquefois, mais très rarement, incrustés d'argent.

Setla.

سطالة

COUPE en argent repoussé, au fond bombé et surmontée d'une anse. Les femmes mauresques ou juives d'Alger y mettent savon, peigne, éponge et épingles lorsqu'elles vont au bain. La *setla* en argent repoussé ou plus modestement en cuivre repoussé, argenté ou étamé était l'ustensile que, dans le Sahara, tout cavalier, riche ou pauvre, suspendait à l'arçon de sa selle au moyen d'une corde de tirage, cordon de soie ou de poils de chameau. Faisant

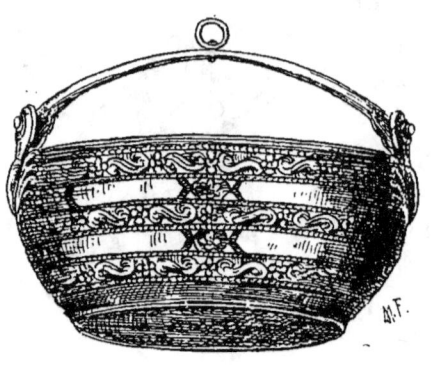

Setla (Modèle d'Alger).

partie intégrante de son équipement, le nomade, sans descendre de cheval, pouvait grâce à elle puiser de l'eau en traversant un gué. D'autres fois, il donnait la setla à un piéton près d'un puits ou à un berger près d'un troupeau et ceux-ci la remplissaient soit d'eau, soit de lait de chèvre. Bien équilibrée elle pouvait aussi être passée de cavalier à cavalier sans que le liquide fût renversé. Dans les cafés maures de la campagne, la setla sert à donner à boire de l'eau aux clients et à leur fournir celle nécessaire pour les ablutions. Au cours des voyages rapides, les indigènes versent dans la setla de l'eau et y jettent une poignée de « rouïna » blé moulu après avoir été lavé et séché, cuit au four et additionné de sel.

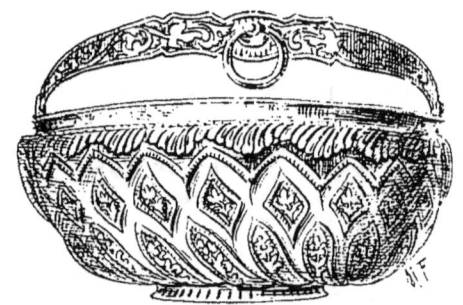

Setla (Alger).

Cette pâte permet au cavalier d'apaiser sa faim sans descendre de sa monture. La provision de rouïna est enfermée dans une outre improvisée que l'on suspend à l'arçon de la selle. Aujourd'hui la setla classique en forme de bol et en métal repoussé est d'ordinaire remplacée par un gamelon en fer battu.

La *setla* en argent se fait à l'aide d'un lingot que les orfèvres martellent et dont les bords s'élèvent peu à peu. On badigeonne les parois intérieures de blanc d'Espagne et on y coule du plomb. A l'aide d'un poinçon rond, le ciseleur trace ensuite sur l'extérieur des arabesques,

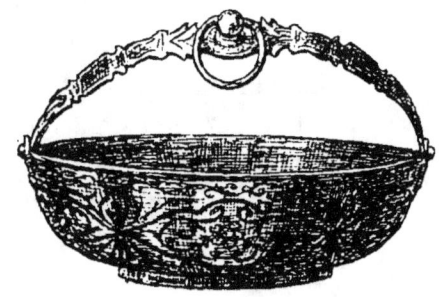

Setla (Alger).

décorations toujours variées. L'anse est ciselée et ornementée de volutes, avec un large anneau à sa partie supérieure. Alger s'est fait une spécialité de cet objet dont le prix oscille entre 25 et 30 centimes le gramme. Le décor de la setla est presque toujours travaillé par des ouvriers juifs d'origine européenne.

Seyyâgh.

صيّاغ

Nom arabe du bijoutier ou de l'orfèvre.

Siagha.

صياغة

La bijouterie, l'orfèvrerie et les bijoux d'une manière générale se désignent par ce vocable.

Sîf, pl. Siouf.

سيف pl. سيوف

SABRE. La lame comporte des ornements curvilignes en relief. La poignée est garnie de filigrane d'argent et le fourreau orné de bandes transversales avec ornements variés en relief. Beaucoup de sabres se fabriquaient à Msila.

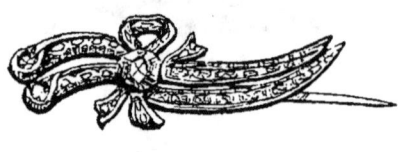

Sîf (Broche pour Européen).

C'est également le nom d'une épingle-broche en forme de sabre (*sif*) ou de deux yatagan en or accouplés, avec une monture en argent sertissant des roses ou des diamants. Ces épingles, qui se piquaient dans la coiffure, n'existent plus actuellement que dans la province d'Oran. En plusieurs endroits, ce bijou porte le nom de *souief*, pl. *souiefât*, diminutif de sîf. A Alger, les spécimens connus ont été faits, depuis la conquête, principalement à l'usage des roumis ou des Juives pour attacher leur châle.

Sonboula.

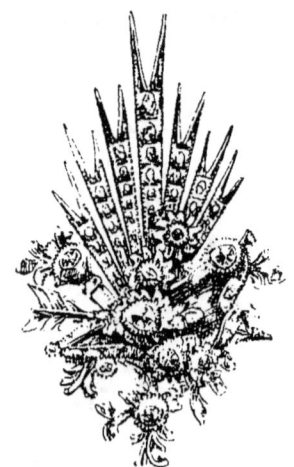

Sonboula (Tunis).

ÉPI de diamant. Nom ordinaire de l'épi. Cette aigrette est surtout portée par les femmes riches de Tunis.

Souâr.

سوار

CE bracelet barbare se fabrique avec un plané d'argent assez épais sur lequel se hérissent de hautes tiges droites et quadrangulaires. Sans ces pointes il s'appellerait *Dah*. Au besoin, il peut servir d'instrument de défense. Il est porté surtout dans le Sud, à Biskra et à Touggourt.

A Djerba c'est le nom d'un grand bracelet d'argent en fer à cheval, très

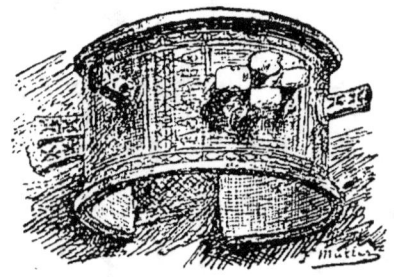

Souar de Biskra.

gros au milieu et aplati aux deux extrémités. Il est, en outre, ouvert et pourvu de deux appliques en carrés contenant un morceau de corail. — Dans la Tunisie, il désigne un bracelet très large, formé d'une plaque gravée et sans charnière.

Souâr deg qâleb.

سواردق فالب

NOM à Oran d'un bracelet au bandeau très épais. Il est coulé dans un moule et orné en saillie de 14 grains soudés.

T

Taasîr es-saboun.

تعصير الصابون

Surnom donné à un bracelet qui se porte à Tlemcen. Il signifie « mousse de savon ».

Tâba, pl. touâba.

طوابع .pl طابع

Cachet en argent qui est un véritable bijou. Ce mot, usité pour les cachets servant de signature, s'emploie aussi pour désigner les coins et poinçons pour les monnaies et les bijoux.

Dans la campagne marocaine, c'est un ornement de cou en or, garni d'émeraudes et de brillants. Il a la forme ovoïde du cachet (*tâba*). Divers ornements sont dessinés à sa surface et, de place en place, des pierres précieuses y sont incrustées.

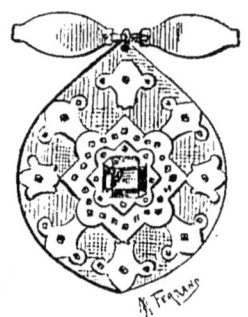

Tâba ou Tazra du Maroc.

Dans sa partie supérieure, à l'endroit où il se suspend au cou, sont soudées des boules ovoïdes, en or mat, supportant, à leurs extrémités, dans le sens de la longueur, deux motifs carrés.

Teba ou Tebba.

تباع

Baton creux en argent, avec deux anneaux renflés au milieu et deux pommes aux extrémités. Il peut servir

à suivre le texte du Pentateuque à la synagogue.

Taboïm ou Tepohim.

Ou *Tepoïm*. Toujours au nombre de deux. Edicule en forme de pyramide pentagonale ou hexagonale en

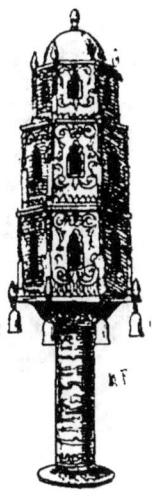 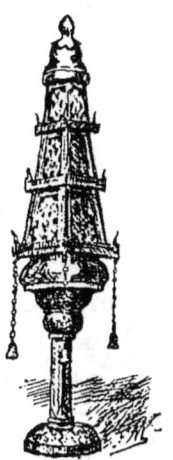

Taboïm.

argent repoussé et ajouré, portant à sa base des godrons et des caractères hébraïques. Sur les côtés, se détachent des pilastres surmontées d'un plein cintre. Les deux taboïm se fixent sur deux bâtons où s'enroule la loi de Moïse. Ils se placent à l'intérieur du tâdj qui se pose sur le menbar. La forme des taboïm varie beaucoup. Dans quelques-uns le corps principal est en trois parties hexagonales surmontées d'un dôme couronné par une grenade. L'étage inférieur est muni, à chaque pan, de chaînons reliés par des S et terminés par des clochettes.

Tabouqalt.

تابوفالت

CRUCHE imitant l'amphore kabyle. Elle est, comme la qolla, un objet de fabrication récente, et, à vrai dire, un bibelot créé sur le modèle d'un ustensile kabyle par les orfèvres algériens pour la vente aux étrangers. La panse a des ornements rocaille. Des anses sont soudées au corps. Son nom est la forme berbère de *bouqâla* « bocal ».

Tabzîmt.

تابزيمت

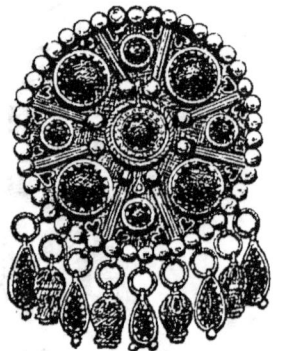

Tabzîmt.

CE mot kabyle, diminutif de *ab-zîm*, désigne une broche ronde ayant, au centre de sa circonférence, une ouverture pour un ardillon, avec tête de corail, qu'on fixe dans le haïk. Cette broche est émaillée, couverte de cabochons de corail et d'incrustations de perles d'argent (*iriden*). Souvent même l'envers de ce bijou, c'est-à-dire la partie tournée vers le haïk, est également revêtue d'émail, soit en partie soit en totalité. Des pendeloques en corail, amandes ou barillets d'argent, se détachent du tabzimt. Depuis 1890, sur l'initiave de Ali ou Mohammed Arab, ancien président du Beni Yenni, il est de mode d'agrémenter le dessus des cabochons de corail d'une étoile d'argent. Ce relief se retrouve parfois, aussi, sur les gouttes de celluloïd qui, dans les bijoux à bas prix, remplacent le corail. Le tabzimt, dont le poids varie entre 250 et 400 grammes, est offert par le futur époux à sa fiancée, au moment du mariage. La femme kabyle exhibe, comme une ferronnière, le tabzimt sur le front, quand elle a donné un défenseur au village. Autant de boutons sur la plaque que de garçons. Si elle est accouchée d'une fille, elle ne peut porter le bijou que sur la poitrine. La légende prétend qu'autrefois le tabzimt se posait sur le front de la femme, lors de la rentrée de son mari, victorieux dans une expédition. Chez les Beni Yenni, les petites filles des bijoutiers, pieds nus et jambes nues, vêtues de guenilles, d'un corsage et d'une fouta rouge, l'exhibent avec orgueil sur la poitrine. On prétend que les parents leur confient ce bijou pour lui donner une patine et décider les étrangers à l'acheter comme bijou ancien. Le tabzimt avec pendants se nomme *tabzimt issaan ticheronrin*; orné d'olives émaillées et garni de corail il prend le nom de *tabzimt issaan thikefisin*.

Tabzimt n'tehzamt.

تابزيت نتحزامت

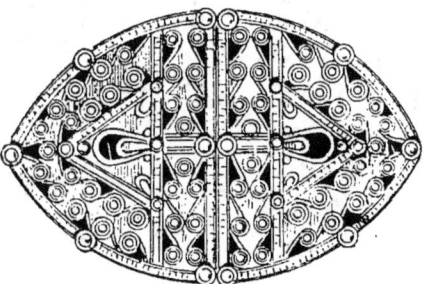

Tabzimt n'tehzamt.

Pour l'exportation, les Kabyles fabriquent un bijou qu'ils appellent *tabzimt n'tehzamt* « une boucle de ceinture » de forme ovale, couverte d'émaux bleus et verts et de larmes en corail, qui peut servir de broche ou d'agrafe de ceinture aux européennes.

Tâdj.

تاج

Petit bandeau d'un seul morceau, rarement fabriqué en Algérie, importé plutôt d'Espagne. Ce diadème est de tous les temps ; on le retrouve même dans les bijoux étrusques. C'est le fronteau du xive siècle avec ses découpures en forme de trèfle. Dans le *tâdj*, le bandeau est en argent ; au bas un cercle d'or, au-dessus une crénelure de roses. Ce bijou rend le front étincelant. Le mot arabe signifie « couronne ».

Au Maroc ce bandeau de tête est en or. Il vaut de 10 à 15 000 francs. Il se compose d'une suite de plaques détachées réunies par des charnières. Chacune est un pentagone qui

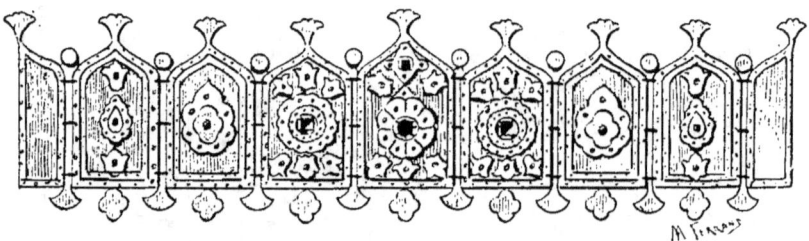

Tadj (Maroc)

s'achève en angle à sa partie supérieure. Au sommet, chaque morceau est surmonté d'une flamme ou d'une sorte de huppe en or mat. Cette plaque porte au centre un médaillon. Aux angles du haut et à ceux du bas sont disposés des motifs variés en or mat. La base est décorée d'une sorte de trèfle à quatre feuilles et, à l'extrémité de la charnière, d'une sorte de hache. Ce bijou est quelquefois incrusté de cinquante pierres précieuses.

A Fez ce mot *tâdj* désigne plus spécialement une parure de nouvelle mariée affectant la forme d'une couronne en or avec perles et pierres précieuses.

A Tunis le tâdj est une couronne surmontée de pierres fines du même genre que l'*açaba*.

Tafelâ.

تافلة

Vase à couvercle en argent pour le savon parfumé servant aux ablutions après le bain (Tunis).

Tahlil pl. tahalil.

تهاليل pl. تهليل

Au Maroc c'est une longue boîte en argent ou en argent doré, avec pierres précieuses, dans laquelle les femmes et les enfants mettent les amulettes (*harz*). Elle s'attache à la ceinture. Au tahlil les femmes ajoutent souvent un petit poignard en argent. A Tanger la boîte est quadrangulaire recouverte d'ornements et son couvercle légèrement bombé. — A Tunis ce nom est donné à la chaîne de suspension.

A Djerba *tahlil* se dit d'une épingle en plané d'argent, ornée de mains et de palmes ayant la forme du dernier croissant de la lune et pourvue d'une longue épingle pour accrocher l'étoffe au haïk.

Takfina, pl. Takfinât.

تكفينات pl. تكفينة

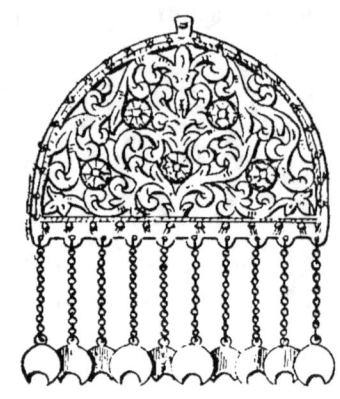

Takfina (Mzab).

ORNEMENT de coiffure. Se porte à Biskra et dans le Mzab. Plaque découpée en triangle curviligne ou en demi-disque, en plané d'or, couvert de gravures. Il se termine par des chainettes au bout desquelles des mains ou des pièces rondes sont attachées. Leur bruit réjouit les Arabes. Ce sont quelquefois de simples verroteries de couleur, bleues, vertes ou rouges. Cette parure est attachée à la coiffure à l'aide d'une tresse par un crochet d'argent moulé d'une seule pièce et ajouré. Le vrai nom de ce bijou est le mot berbère *tisegnest*.

Taklilâ.

تاكليلة

BOUCLES d'oreille ayant la silhouette de deux grands anneaux garnis de corail et de hassek. De même que la khorsa de Constantine, elles se rencontrent surtout dans le Sud et se vendent beaucoup à Msila et à Bou Saada. Au sommet de chaque anneau qui s'introduit dans l'oreille est attachée une chaînette légère d'or ou d'argent. Toutes les deux viennent s'accrocher l'une dans l'autre, juste au sommet de la tête ; là une troisième chaîne terminée par un crochet (*mengâch*) va se fixer sur le mouchoir derrière la nuque et maintient l'ordonnance de la coiffure. Les chaînettes permettent de relever les boucles pour ne pas surcharger les oreilles. Quelquefois, à la partie inférieure de chaque anneau, sont rattachées des écheveaux de perles baroques ou de boules de nacre et deux ou trois pendants terminés par des croissants ou des glands de soie. Cet ornement rehausse souvent les arrangements des coiffures presque toujours compliquées. Valeur de 3 à 400 francs.

A Tripoli la taklila est une boucle d'oreille avec des pierres et de nombreuses grappes de

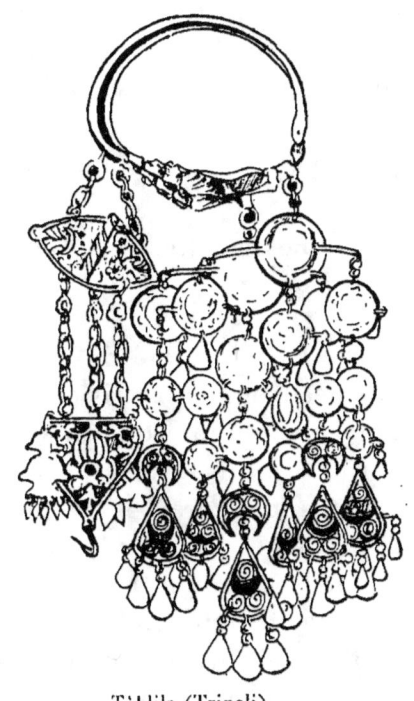

Tâklila (Tripoli).

sequins et de chaînettes. On la porte en la fixant de chaque côté de la tête au moyen de crochets attachés à des espèces de *bzaïm* triangulaires. Chaque taklila se compose de deux *chengâl* retenant chacun deux *ounaïs* passés dans le lobe inférieur de l'oreille.

Tâmid.

Lampe d'argent pendue dans la synagogue. Elle a la forme d'un bassin et rappelle la lampe des églises catholiques. Il n'y en a que trois à la synagogue d'Alger.

La première peut avoir cent ans ; sa panse est ouvragée en ronde bosse avec des fleurs repoussées. La seconde, en deux pièces réunies par des rinceaux, comprend un couvercle et récipient pour la lampe. La troisième a, de plus que la précédente, un fumivore, large bandeau relié par des chaînes à la lampe. Comme décor, des fleurs, des bandes diagonales, des marguerites. Elle passe pour avoir 150 ans. Elle a dû être faite à Alger.

Tamokhalt (fusil) et Tamokalt tameziant (pistolet).

Les Kabyles que la fabrication des armes occupait beaucoup autrefois ont dû renoncer à cette industrie qui leur est interdite aujourd'hui. C'est un art presque perdu. Jadis ils savaient, avec art, revêtir les bois d'incrustations de corail et de plaques d'argent travaillées au repoussé et marteler, pour les canons, des rubans de fer appliqués sur une tige de métal. Les platines étaient gravées sur argent, jamais sur or. Chez ce peuple guerrier ce métier était fort considéré. Les armuriers jouissaient d'une véritable vénération.

Taouenza.

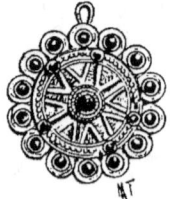
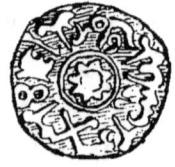

Taouenza (Djerba).

Broche de Djerba ronde pleine, quelquefois ajourée, pièce ornementale, servant à fixer la coiffure.

Taounist, pl. Tiouïnâs.

تاونيست pl. تيويناس

Boucles d'oreilles kabyles qui passent dans la partie inférieure de l'oreille. Leur forme est celle d'un demi-cercle d'argent avec un cône émaillé, auquel s'accrochent des anneaux supportant une barrette d'où pendent des boules de corail enfilées dans une ficelle. Les deux extrémités de l'arc sont réunies par un fil de soie jaune qui empêche le bijou de quitter l'oreille.

Tâsa.

طاسة

C'est une setla sans anse, mais avec un fond un peu plus bombé. Même décor : des fleurs dans des arcs mauresques ou dans des croissants. Cette coupe est également martelée dans un lingot carré. On la paie de 0 fr. 18 à 0 fr. 20 le gramme, la ciselure en sus. La *Tâsa* sert à préparer le henné avec de l'eau ; on l'emploie au bain pour les ablutions. Le hammamdji puise avec elle de l'eau tiède contenue dans la cuve pour arroser le baigneur. On rencontre aussi de grandes tàsa, avec couvercle, semblables à nos soupières françaises ; on y met de l'eau de fleurs d'oranger. Ces tàsa circulent de mains en mains dans les circoncisions, mariages et cérémonies importantes. Chacun y trempe les lèvres. Elles étaient nombreuses à la Casbah ; il en est même venu un certain nombre au Musée de la marine. Le mot tàsa est arabe ; sa forme primitive était *Test* qui a le sens de « bassin ».

Tâset el-Kâbous.

طاسة الكابوس

Nom donné à l'incrustation d'argent sur la crosse d'une arme.

Ta'sabt, pl. Tia'sabin.

تعصبت .pl تيعصابين

Ce diadème kabyle plus grand que le *zérir* couvre le front. Le *ta'sabt*, ou *ta'ssabt* forme berbère d'açaba, est composé d'une plaque centrale, émaillée à l'envers et à l'avers, garnie de cabochons de corail et divisée en deux parties : l'une, rectangulaire, surmontée d'un fronton ; l'autre est un véritable losange. A la plaque centrale viennent

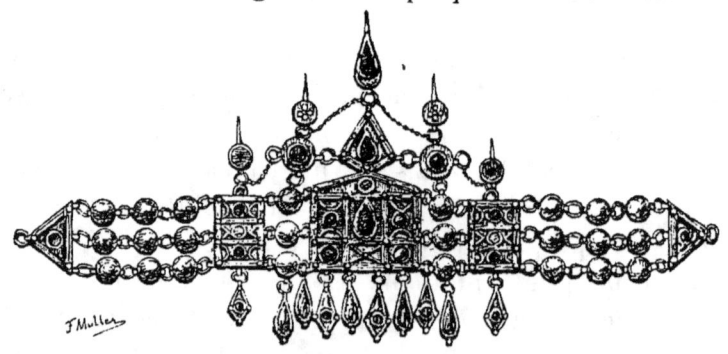

Ta'sabt des Beni-Yenni.

s'attacher, des deux côtés, trois rangs de clous ronds en argent (*iriden*) sur lesquels sont fixées deux autres plaques presque carrées et émaillées à la façon kabyle. Ce diadème se termine, en largeur, par deux plaques en triangle isocèle, pavées de corail. On y soude les annelets qui servent à l'attacher derrière et sur la tête. Des agrafes, fixées par des anneaux aux trois plaques du sommet, permettent aussi de retenir le bijou à l'*amendil* (foulard de soie ou de coton qui couvre toute la tête). Le *ta'sabt* est enrichi de pendants en argent incrustés de corail qui tombent jusqu'aux sourcils et à la racine du nez. Le nombre de ces *tichrourin* varie de 10 à 12 suivant la grandeur du diadème qui a souvent 25 centimètres de longueur et douze de hauteur. Les femmes portent surtout ce bijou à l'époque du mariage. C'est à ce moment que les parents l'offrent à la fiancée, après avoir encaissé, au préalable, le montant de la dot.

Tazlegt, pl. Tazleguine.

تازلڤين pl. تازلڤت

Nom générique employé par les Kabyles pour désigner tous les colliers. Certains sont faits avec du corail et des rondelles de bois ; d'autres avec des amulettes, des pièces de monnaie, des os, de forme circulaire.

Tazlegt n'tibladin.

Collier kabyle à trois rangs de chaines décorées de corail, de graines d'argent, de cassolettes carrées qui s'ouvrent ou non et sont munies de pendants (*tichrourin*). A Bougie les chaines sont remplacées par des tubes d'argent (*adja' boub, pl. idjabouben*). On met quelquefois des parfums dans les cassolettes (musc, essence de rose).

Tazlegt n'sekhab.

تازلڤت نسخاب

Sous ce nom les femmes kabyles désignent des colliers de clous de girofle broyés au mortier et mélangés avec des graines connues sous le nom de *El-Kemha*. Le tout est pétri avec les doigts et reçoit une forme triangulaire. Ces morceaux réunis ensuite par la salive sont au nombre de cinq ou six ensemble pour former l'un des grains du collier odorant. Seules les femmes mariées peuvent porter le *tazlegt n' sekhâb* qui dégage une forte odeur. Sous le nom de *mekhanga*, M. Delphin désigne

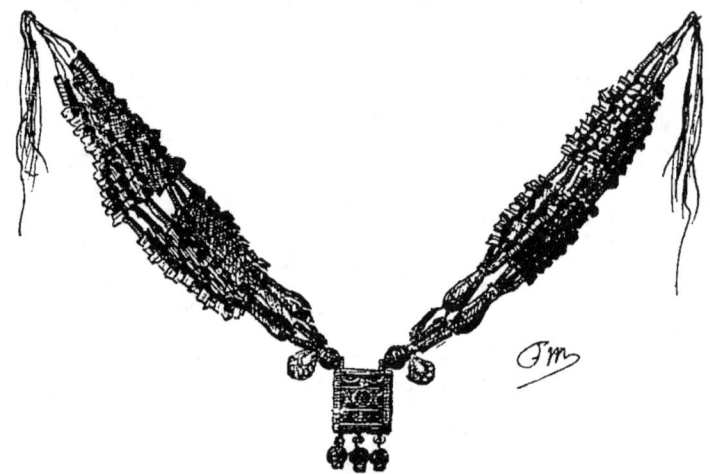

Tazlegt n'sekhab.

chez les Arabes un collier de clous de girofle, n'ayant subi aucune préparation, percés et assemblés par un fil. D'après Venture de Paradis, à l'époque où il était à Alger, il arrivait des quantités considérables de clous de girofle et il s'en faisait un usage extraordinaire. Les indigènes de Biskra et ceux du Mzab emploient également les clous de girofle en chapelets.

Tazra.

تازرة

Bijou de poitrine en or, spécial aux jeunes femmes de Fez et garni de pierres précieuses de couleur. Ces bijoux de vastes dimensions ont le profil d'un oval effilé aux deux bouts. Ils portent de petits motifs d'ornementation à peu près circulaires, tantôt quatre, tantôt huit fleurons, entourant un motif central plus grand.

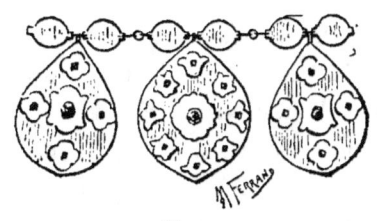

Tazra.

Les uns et les autres sont incrustés de pierres précieuses. A la partie supérieure une rangée de boules pleines et ovoïdes.

Tchilek.

چِلَك

Mot turc qui désigne un bouton semblable à une fraise dans lequel se fixe l'aigrette de la coiffure du sultan.

Tchenchan.

شنشان

Anneau d'oreille en or, garni de rubis et de diamants; bijou spécial aux femmes de Tanger et de Tétouan. Le long de la tige de cette boucle découpée en losange, sont accrochées deux pendeloques.

Tchoutchâna.

شوشانة

Crochet d'oreille ancien et très compliqué. Un gros fil rond, uni, courbé en demi-cercle, dont l'extrémité supérieure, aplatie, percée à jour est assez grossièrement découpée en losange. Au bout d'une petite chaîne, d'environ dix centimètres de long, un crochet fondu, ajouré, ciselé. A l'autre bout, une plaque fondue en forme de tulipe, ciselée à jour, sertie de pierres précieuses. Trois tiges recourbées, en fil mince et rond, retiennent six grosses perles en filigrane que terminent deux branches soudées aux deux bouts. En garniture, 18 autres perles baroques. De chaque côté de ces perles, un autre fil formant compas ouvert, avec trois anneaux d'emmaillement pour retenir les têtes des tiges courbées.

Au centre de la grande boucle en demi-cercle, un cône allongé entre deux boules en filigrane et d'égale dimension. Enfin, pour enrichir cet ouvrage de joaillerie deux glands suspendus à un anneau soudé à l'endroit de la jonction du corps principal. Au bas de ces glands pendent cinq chaînettes terminées par de très petites perles baroques. Ce bijou s'attache au mouchoir de tête, au-dessus de chaque oreille. Parure de Constantine.

Tebek.

STYLET d'argent. Tige carrée portant à l'un des bouts une main fermée, sauf l'index et, à l'autre une boucle pour passer le stylet dans le doigt. Cet instrument sert, chez les Juifs, à suivre l'écriture en lisant les manuscrits.

Tebeq.

طبق

CORBEILLE en argent tressé (Tunis).

Tedjbîr el-Kabous.

تجبير الكابوس

Anneau en argent pour pistolet. *Tedjbîr* signifie ici « armature ».

Tefatef.

تفاتف

Pluriel de *teftaf*, onomatopée pour désigner une breloque.

Tefer.

طفر

Croupière du cheval. Elle est très souvent ornée de pièces d'orfèvrerie.

Tegoudmatine.

تڤودماتين

Pendant d'oreille percé. Un large crochet avec un bouton à la partie supérieure ; une longue poire à la

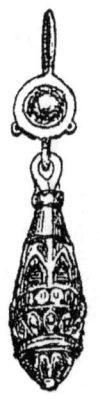
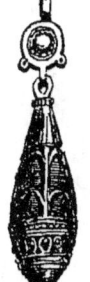

Tegoudmatine (Kabyle).

partie inférieure. Dans le bouton s'incruste un morceau de corail qui parfois est surmonté d'une étoile. La pendeloque s'attache au bouton par deux anneaux enchevêtrés et ressemble à une aiguillette d'officier d'état-major. Sa forme est celle d'une olive allongée, émaillée et se terminant, à sa pointe, par un morceau de corail, tantôt rond, tantôt taillé en diamant. C'est un bijou kabyle.

Tekhatemt, pl. Tikhoutâm.

تخاتمت pl. تيخوتام

LA bague kabyle est toujours en argent sans ornement de pierres précieuses. Le chaton est le plus souvent une sorte de clou mauresque émaillé, quelquefois remplacé par du corail, des monnaies, ou des boutons d'argent

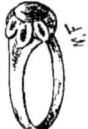 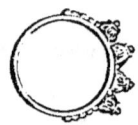 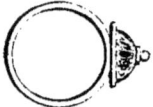

Tekhatem.

(*iriden*). Les bagues des Beni Yenni sont pleines, jamais ajourées. *Voir khâtem* dont tekhatemt est la forme berbère.

Teklila.

تكليلة

EN Tunisie le mot teklila s'applique à une série de 6 boucles d'oreille semblables, en or ou en argent, que les femmes citadines, de Sousse surtout, accrochent à leurs oreilles à raison de 3 boucles à chaque oreille. Chacune porte le nom d'*ounisa*. Ailleurs ce bijou s'appelle *takfina, hazla* et encore *noudch*. Il est analogue alors à *l'alâqa* (Voir taklila dont teklila n'est qu'une variante de transcription).

Tekmâk.

تكماك

Nom du maillet à Tunis. Devrait se promener dekmâk ; c'est un mot turc.

Temâïm.

تمايم

Bijoux de coiffure. Anneaux d'argent, unis à l'intérieur, aux bords godronnés à l'extérieur. Les femmes de Djerba les mettent dans leurs cheveux et les entourent de corail pour les enjoliver. Cette parure est d'un effet très gracieux.

Temrâsin-ou-Tselegts.

تراصين وثلث

Pendant de cou porté au Riff et chez les Nomades. Collier à trois rangs de verroteries, divisés de distance en distance par trois plaques métalliques rectangulaires supportant des pièces de monnaies d'argent soudées. Des rubans pendent aux deux extrémités pour accrocher le collier.

Tenqia.

تنفية

Cure-dents et cure-oreilles. Tige d'or ou d'argent gravée dont une extrémité pointue sert à curer les dents et l'autre en forme de cuiller sert aux oreilles. Sa valeur en argent est de 2 à 3 francs le gramme ; en or de 7 à 10 francs. Quelquefois on y voit gravé le nom de celui qui la possède. *Tenqia* signifie « nettoyer ».

Terek, pl. Atrek.

ترك .pl اتراك

Nom générique du meqfoul uni formé d'un fil courbé en demi-cercle. On y ajoute une épithète suivant la nature de son ornementation : *terek* (ou mieux *tserek*) *mecherref*, orné de dents de scie, etc. Dans le Sahara ce terme sert à désigner les boucles d'oreille et parfois les bijoux d'une manière générale. — A Aïn-Beïda, le terek a 4 ou 5 perles à chaque boucle. — Le mot *metrak* employé dans le Sahara avec le sens de collier de femme semble provenir de la même racine (Voir *Lethrâk*).

Tersâk.

ترساك

Terme employé par les orfèvres algériens pour un moule en cuivre formé de deux parties dont chacune ressemble un peu à un étrier. On place à l'intérieur du charbon de bois, pilé et mêlé d'huile pour obtenir une pâte destinée à recevoir les empreintes. On réunit ensuite les deux parties et on coule par un orifice ménagé à l'avance.

Tersi.

ترصيع

Nom de la damasquinure. Fil plat d'or ou d'argent.

Tesbih.

تسبيح

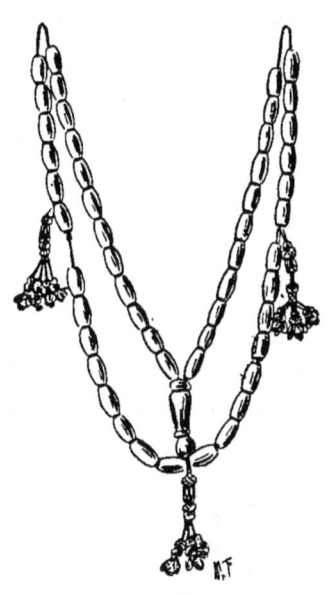

Tesbih.

CHAPELET. Le nom correct est *Sebha,* Tesbih étant la récitation du chapelet. Pour les hommes le chapelet est à grains noirs sans matière précieuse ; pour les femmes ce sont souvent des perles fines baroques terminées par une tige d'or à l'extrémité de laquelle pendent cinq bouts de jaseron, ornés chacun. Il est des chapelets en ambre noir terminés par un pendant de perles baroques ; ils sont très prisés des femmes indigènes à cause de l'odeur qu'ils dégagent. Ils se portent alors autour du cou et pendent sur la poitrine. On les appelle *tesbih anbar* « chapelet d'ambre ». D'autres contiennent 110 grains tous en or, avec au centre, un autre petit chapelet incrusté de pierres précieuses enserrant une étoile. — A Djerba le mot *tesbih* désigne aussi un bracelet de graines parfumées.

Tezdjidj.

ÉMAIL. Ce nom vient de « zedjadj » « verre ».

Tidjeghoult el-melah, pl. Tidjeghlin.

تيجغولت الملح

CUILLER à sel ne provenant d'aucune tradition kabyle et faite pour la vente aux touristes. Elle se compose : d'un plané repoussé formant une spatule de forme semi-sphérique soudée à une tige quadrangulaire et d'une tête assez compliquée avec un bouton de corail serti au centre et des cloisonnés remplis d'émaux de différentes couleurs.

Tigâr.

تيڨار

PENDANT de composition très variée. A Moqnine c'est un pendant se fixant aux cheveux. Il est formé de deux planés émaillés avec des pierres en cabochons s'accrochant en nacelle par des chaînettes. De chaque côté de la plaque inférieure part une chaînette formant gland et de la partie médiane des pendentifs variés. Ce modèle ressemble beaucoup à la châtelaine Louis XVI.

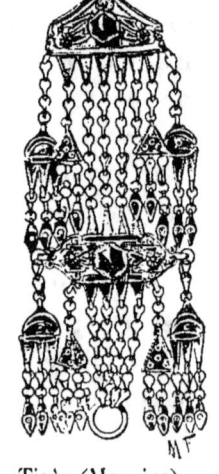

Tigâr (Moqnine).

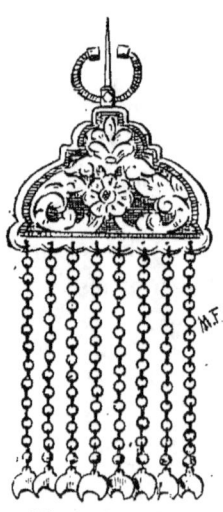

Tigar (Tunisie).

En Tunisie ce mot tigâr est le nom générique de tous les bijoux qui pendent ; mais, d'ordinaire il s'applique à une broche avec pendants en diamants. On fait également des tigâr en or et en argent avec pendants du même métal ou avec pendants d'agates ou autres pierres. Le nom est un mot berbère signifiant « front ».

Tikhrâzîn.

تيخرازين

Boucles d'oreille d'un type spécial au Riff. Ce sont de grands anneaux en argent, creux, rarement unis et couverts d'ornements. Plusieurs pendeloques y sont accrochées.

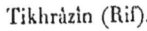
Tikhrâzîn (Rif).

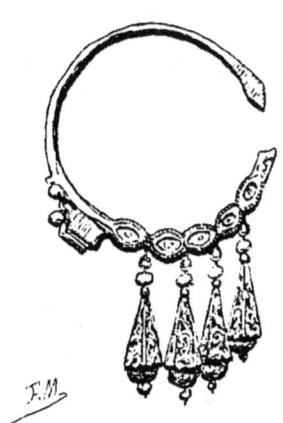
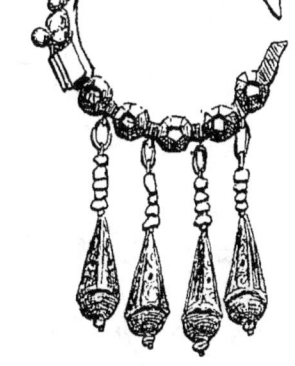

Tikhrâzîn (Rif).

Tissemsemt, pl. Tissemsemim.

تيسمسمت

Collier kabyle de cinq à douze plaques carrées, rondes ou ovales, reliées entre elles par des chaînes formées de maillons. Le collier s'attache derrière le cou à l'aide d'un crochet. Quant à l'ornementation des plaques, c'est celle qu'on retrouve habituellement sur tous les bijoux kabyles.

Touaba.

Pièces rondes en argent ou en or avec pierres précieuses que les femmes mettent sur le milieu du front au Maroc.

Toubâk.

Similor. Alliage de cuivre et de zinc. Nom scientifique : *chrysocale*.

Touenza.

Frontispice en berbère. Plaque ronde ou étoilée couverte d'ornements et semblable au médouar d'Algérie. Elle sert à fixer la coiffure et se porte comme le tabzimt des femmes Kabyles. Ce bijou est de l'île de Djerba (Cf. Taouenza).

Tounsi.

Morceaux de corail longs qui entrent dans la composition des colliers des femmes arabes. Littéralement : *tunisien*.

Toutia.

تَوتِلَة

PENDANT d'oreille en or et en pierres précieuses du Maroc. C'est un cercle d'or uni qui, à l'endroit de la fermeture, présente une sorte de cadenas. Des pierres précieuses sont enclavées dans le métal aux endroits où le bijou se suspend à l'oreille.

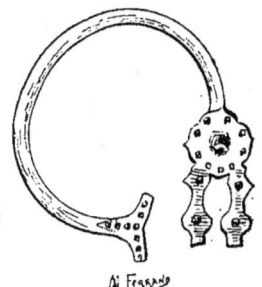

Toutia.

Tsebha.

تَسبحة

LE chapelet destiné à la prière est toujours en bois de noyer ou d'olivier. Adopté par les Kabyles, il n'est jamais fabriqué par eux et vient d'autres pays musulmans. Les marabouts d'origine arabe ont un chapelet d'une forme spéciale. Chaque confrérie musulmane choisit un chapelet dont le nombre de grains varie comme couleur et comme forme, indiquant ainsi la règle à laquelle on doit se conformer en le récitant, suivant la congrégation à laquelle on appartient.

Tsekkâk.

تَكّاك

TIGE creuse en argent semblable à une brochette française et servant de passe-lacet pour la cordelière du pantalon arabe. On l'appelle encore *'oud ets tsekka* « bois de la cordelière ». Par extension on se sert du même mot pour désigner une plaque de ceinture.

Tseraïa.

ثرابة

ORNEMENT de collier. Disque d'or portant le sceau de Salomon : un polygone étoilé à six pointes formé par deux triangles renversés et réunis. Paraît souvent dans les grands colliers d'ambre à deux rangées. Son nom qui signifie nombreux est celui que portent les Pléiades et qui dans la suite a été donné aux lustres, c'est-à-dire « assemblage de lumières ».

Tsoqqala, pl. Tsoqqalât.

ثقّالة pl. ثقّالات

CROCHET d'oreille de Tlemcen avec extrémités bouclées. Son nom, qui signifie aussi « rondelle de fuseau », en rappelle sans doute la forme.

Y

Yabnouza.

يبنوزة

Bracelet de Tunis, dont le bandeau est en corne de buffle orné d'étoiles et de diamants. Le mot yabnouza paraît être le mot « ébène » (*ebnous* en arabe).

Yasmina.

ياسمينة

Le mot signifie « jasmin » et s'applique à une variété de *ouarda* ayant la forme d'un jasmin. Ce bijou en or ou en argent est enrichi de pierres précieuses.

Z

Zamous.

Sous cette prononciation défectueuse du mot *Djamous* on désignait jadis à Constantine un bracelet brisé en deux points où des charnières sont établies : l'une d'elles est à goupille mobile ; l'autre à goupille fixe. Ces deux demi-cercles sont à coulisseaux ; une bordure en fil torsé est soudée sur les côtés des bords unis de la partie supérieure. Quatre têtes de clous en appliques s'y trouvent rivées. Deux autres appliques beaucoup plus grandes sont soudées au milieu du demi-cercle de manière à laisser libre le passage d'un bout de baleine de la largeur d'un demi-centimètre, lequel se place dans la partie intérieure (Voir *meqiasa djamous*).

Zarf.

ظرف

Prononciation turque du mot *dzarf* qui, en arabe, signifie « vase ». C'est une petite coupe à pied, destinée à servir de support aux tasses à café qui sont en porcelaine sans anse (*fendjâl* ou *fendjân*) ; le zarf ressemble absolument à un coquetier. Il a aussi pour but d'isoler la tasse, afin d'éviter à celui qui la tient, de se brûler les doigts. Tantôt il est filigrane, tantôt il est fait d'un simple plané orné de quelques rayures. Rarement il est incrusté de pierres précieuses. Il est accompagné, sur un plateau,

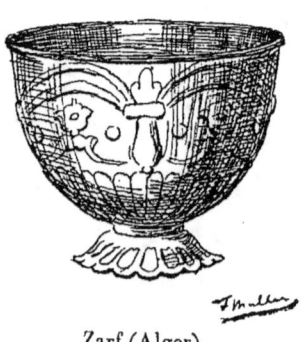

Zarf (Alger).

d'une cafetière en argent au long bec recourbé et de compotiers en cristal doré contenant des confitures parfumées à l'ambre. Cet objet d'origine turque vient en grande quantité de Constantinople à Alger.

Zebra.

زبرة

L'enclume.

Zelzela.

جلجلة

Prononciation tunisienne de *djeldjela* « grelot ». Pièce d'ornementation avec cercle concentrique et perle en nacelle. Le vrai nom est Helal, croissant.

Zemerred.

زمرّد

Émeraude en arabe.

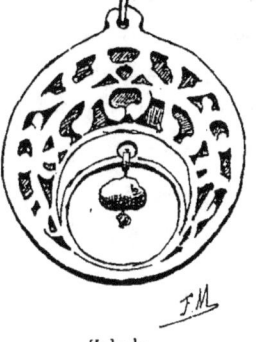
Zelzela.

Zeradia.

زرادية

Petites tenailles dont se servent les orfèvres pour fabriquer les chaînes.

Zerir, pl. Zeraïr.

زرایر .pl زریر

Sorte de diadème kabyle qui diffère du *ta' sabt*. Plaque centrale pentagonale, carré et losange superposé, émaillée, enrichie de cabochons de corail, les uns ronds,

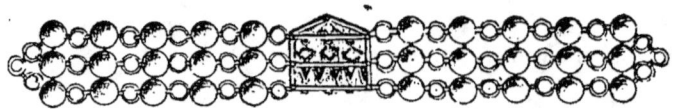

Zerir.

les autres en forme d'olives. Prennent leur point de départ, à la pièce du milieu, trois rangs de chaînes à maillons ronds avec des clous en relief demi-sphérique. Chez les Beni Yenni les zerir ne se portent plus du tout. Au Maroc, le *zerir* est un ruban auquel sont suspendues des perles qui tombent sur les oreilles.

Zeroura.

زرورة

Au Maroc, bijou de tempe en or, garni de diamants. Les femmes d'un certain âge le portent avec des plumes d'autruche pour cacher leurs cheveux blancs. Il est d'un galbe très compliqué. L'ornement ajouré de la partie supérieure représente assez bien un scarabée aux antennes recourbées. Au-dessous c'est un trapèze dont la face supérieure se bombe pour s'évider au centre et laisser à un triangle, intérieurement garni d'une végétation arborescente, la place de se souder. De chaque côté du trapèze retombent largement évasées deux fleurs qui ont la forme de tulipes renversées, et des insectes volants, probablement des abeilles, qui se pendent à ces fleurs comme pour

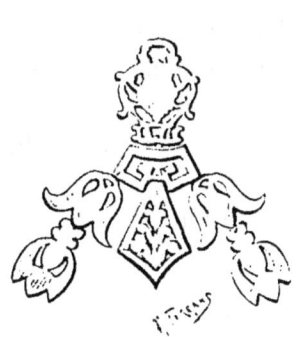
Zeroura.

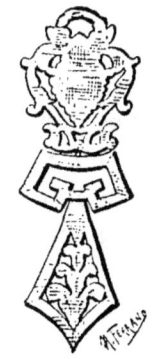
Zeroura (pour enfant).

les butiner. Ce nom de zeroura est encore employé ailleurs qu'au Maroc pour désigner un bijou de front plus simple pour les petits enfants afin d'éloigner le mauvais œil. Sauf les tulipes et les abeilles il ne diffère pas du précédent.

Zerrouf.

زرّوب

Toutes les pendeloques en diamants ou pierres précieuses comme dans l'açaba. Par corruption « zalouf ».

Zerrouf, pl. Zeraref.

زروب .pl زرارب

A Tunis le zerrouf est un collier à trois rangs de perles (Voir Medibah).

Zin el-Khedd.

زين الخدّ

Grandes boucles d'oreilles de Biskra composées avec une grappe de perles baroques et trois massifs de roses avec pendeloques qui retombent sur les joues. De là le nom de « parure de la joue » donné à ce bijou qui est probablement d'origine tunisienne. Le nom tunisien *Khe dadi* a la même étymologie que *Khedd*.

Zouïna.

زوينة

Bijou de Djerba ressemblant à une bretelle, à plusieurs rangées de perles séparées successivement par une plaque émaillée ayant l'aspect d'une scie double et au milieu de laquelle, en saillie, un corail ou une pierre. A l'extrémité inférieure de cette chaîne pendent des sequins

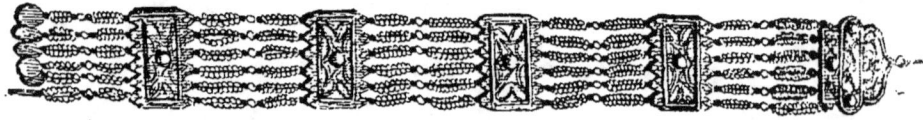

Zouïna (Djerba).

comme breloques. L'extrémité supérieure a la forme d'un arc mauresque. Sur sa surface s'appliquent quatre pierres en quinconce. Le crochet de suspension est fixé à la tête de l'arc. Le mot zouïna est un diminutif du mot *zin* « parure ». Se porte par paire, de chaque côté du front.

www.ingramcontent.com/pod-product-compliance
Lightning Source LLC
Chambersburg PA
CBHW052245220526
45471CB00001B/205